EXPECTATIONS INVESTING

预期投资

——读懂股票价格，获取更高回报

〔美〕艾尔弗雷德·拉帕波特 迈克尔·J.莫布森 著

王志强 等译

商 务 印 书 馆

2008 年·北京

Alfred Rappaport & Michael J. Mauboussin

EXPECTATIONS INVESTING

Reading Stock Prices for Better Returns

Original work copyright © Alfred Rappaport and Michael J. Mauboussin.

Published by arrangement with Harvard Business School Press.

图书在版编目(CIP)数据

预期投资——读懂股票价格,获取更高回报/〔美〕拉帕波特,莫布森著;王志强等译.—北京:商务印书馆,2008
ISBN 978 - 7 - 100 - 05644 - 1

Ⅰ.预… Ⅱ.①拉…②莫…③王… Ⅲ.股票-证券投资-基本知识 Ⅳ.F830.91

中国版本图书馆 CIP 数据核字(2007)第 155273 号

预 期 投 资
——读懂股票价格,获取更高回报
〔美〕艾尔弗雷德·拉帕波特 迈克尔·J.莫布森 著
王志强 等译

商 务 印 书 馆 出 版
(北京王府井大街36号 邮政编码 100710)
商 务 印 书 馆 发 行
北京瑞古冠中印刷厂印刷
ISBN 978 - 7 - 100 - 05644 - 1

2008 年 6 月第 1 版　　　　开本 700×1000 1/16
2008 年 6 月北京第 1 次印刷　　印张 19
印数 5 000 册
定价:39.00 元

致 中 国 读 者

哈佛商学院经管图书简体中文版的出版使我十分高兴。2003年冬天,中国出版界朋友的到访,给我留下十分深刻的印象。当时,我们谈了许多,我向他们全面介绍了哈佛商学院和哈佛商学院出版公司,也安排他们去了我们的课堂。从与他们的交谈中,我了解到中国出版集团旗下的商务印书馆,是一个历史悠久、使命感很强的出版机构。后来,我从我的母亲那里了解到更多的情况。她告诉我,商务印书馆很有名,她在中学、大学里念过的书,大多都是由商务印书馆出版的。联想到与中国出版界朋友们的交流,我对商务印书馆产生了由衷的敬意,并为后来我们达成合作协议、成为战略合作伙伴而深感自豪。

哈佛商学院是一所具有高度使命感的商学院,以培养杰出商界领袖为宗旨。作为哈佛商学院的四大部门之一,哈佛商学院出版公司延续着哈佛商学院的使命,致力于改善管理实践。迄今,我们已出版了大量具有突破性管理理念的图书,我们的许多作者都是世界著名的职业经理人和学者,这些图书在美国乃至全球都已产生了重大影响。我相信这些优秀的管理图书,通过商务印书馆的翻译出版,也会服务于中国的职业经理人和中国的管理实践。

I

20 多年前,我结束了学生生涯,离开哈佛商学院的校园走向社会。哈佛商学院的出版物给了我很多知识和力量,对我的职业生涯产生过许多重要影响。我希望中国的读者也喜欢这些图书,并将从中获取的知识运用于自己的职业发展和管理实践。过去哈佛商学院的出版物曾给了我许多帮助,今天,作为哈佛商学院出版公司的首席执行官,我有一种更强烈的使命感,即出版更多更好的读物,以服务于包括中国读者在内的职业经理人。

在这么短的时间内,翻译出版这一系列图书,不是一件容易的事情。我对所有参与这项翻译出版工作的商务印书馆的工作人员,以及我们的译者,表示诚挚的谢意。没有他们的努力,这一切都是不可能的。

哈佛商学院出版公司总裁兼首席执行官

万 季 美

献　给

莎　伦
和
米歇尔

CONTENTS

序言:伟大的预期——投资与艺术品收藏有哪些不同？

彼得·L.伯恩斯坦

资本主义体系到底是如何运转的？在《资本论》中,卡尔·马克思(Karl Marx)使用了一个非常简单的模型回答了这个问题:M-C-M′。用语言表述就是,资本家从货币开始,然后将其转换成资本,最后以比原有货币更多的货币结束运转。注意,货币出现在这个模型的开头和末尾。还要注意,马克思并没有描绘那个能够保证资本家从货币开始、最后得到比原始投资价值更多的资本的体系。马克思知道如何避免这个陷阱。如果资本永远不能为其拥有者带来一笔现金流,那么它是没有价值的,无论从本质上考虑还是从实践角度考虑都一样。

《资本论》出版后的第125年,通用电气公司(General Electric)的传奇式 CEO 杰克·韦尔奇(Jack Welch)展示了他自己对作为通用电气公司驱动力的 M′的认识,尽管他如何感知公司目标的知识根源可能会令他吃惊。在公司 1995 年的年度报告中,韦尔奇解释道:通用电气"对于当前的一个比较流行的问题——'你们打算生产出什么副产品'——的答案只有一个,那就是'现金——大量的现金'"。

阿尔·拉帕波特(Al Rappaport)和迈克尔·莫布森(Michael Mauboussin)也完全认识到了现金的至关重要性。M′的基本概念构成了他们这本非凡著作的核心。他们以通俗易懂的语言捕捉到了马克思和韦尔奇重视现金的全部精髓,并利用它为投资策略开发出了一个独特、功能强大的分析结构。

如果马克思将他对资本主义的数学描述仅限于 M-C,那么这种资本到底能够达到什么目的呢? 要是没有货币的回报,一个公司的拥有者就不能为他们的歌剧门票、梅塞德斯牌豪华轿车和花园大道公寓付款。没有货币,他们什么也支付不了。就连那些接受公司股票作为红股或并购支付的投资者,也设想在将来某个时间能得到一些现金流。除现金回报之外,任何其他预期都将是非理性的;只有那些搜集旧股权证书或艺术品等物品的收藏者才期望得到其他东西。

事实上,如果没有对现金流的预期,公司资产将会像金条或无期限的零息债券一样,其价值只能视市场的冲动而定,没有参照物,没有确切性,没有意义。我在上面提到的艺术品收藏者就说明了这一点:给那些永远不能为其拥有者带来现金流的资产定价的方法与给艺术品估价或赌马的方法相同。为什么一件雕塑值数百万美元而另一件却只值几百美元？没有任何计算公式能够回答这个问题。雕塑拥有者仅仅希望其他艺术品收藏者在将来的某一时刻提高价格购买，以证明今天的出售价格是正确的。

产生现金流的资产最终将会为其拥有者带来回报，它不依赖于其他投资者的冲动。即使这些现金流在较远的未来产生，其未来前景也会赋予它们一个现值。金融市场只不过是一个今天需要现金的投资者通过向愿意为其资本回报等待的另一些投资者出售其未来现金流的现值而获得现金的竞技场。在这个转移过程中，支付媒介就是货币。其中的要点是：如果你的投资没有任何期望的未来现金流，那么你还不如收藏艺术品或玩赌博机。

本书中的悬念需要我们注意。它集中在未来现金流，但是我们永远不会确切地知道未来会得到什么。我们甚至不能指望来自美国国债的现金流——也许比其他现金流的不确定性小，但它仍然具有不确定性。投资的基本规律是未来的不确定性。

那么，一位理性投资者如何确定未来一组现金流甚至是债务工具中承诺的契约型现金流的价值呢？就这个问题，拉帕波特和莫布森找到了他们自己的解决方法，他们告诉读者不要去回答这个问题。作为一种替代办法，他们向读者建议，要让其他投资者回答这个问题！而且，他们的回答响亮而又清楚地通过资本市场传达到为金融资产支付的价格之中。正如拉帕波特和莫布森一再提醒我们的那样，股票价格（债券价格也一样）是来自市场的礼物，是一份关于其他投资者如何用钱冒险地估计未来现金流的价值的信息礼物。

如果市场在提供关键信息方面的慷慨是事情的全部,那么作者宁愿写了一个小册子而不是一本大部头专著。但是,市场价格仅仅只是事情的开始,而不是事情的结束。投资者仍然需要努力去做。我们也许能够收集到关于其他投资者的预期方面的信息,但是我们不应该无条件地接受这些预期。我们必须检验市场的信念,就这一点而言拉帕波特和莫布森做到了他们的最高水平。他们提出了一个系统的检验方法,能够指导投资者从公司本身和市场预期两个方面作出理性判断,并最终决定是否买入、卖出或持有。

资本市场中的长期实践告诉我们,很少有经验教训能够一直有效;但是,在作为职业投资者所经历的半个世纪中,我发现了一个特别稳健的经验:最大化本书中所提到的知识财富的成功秘诀在于沉默。这是投资者建议中最重要的一个,它尤其适用于预期投资。

你不需要听任何建议就可以采用拉帕波特和莫布森推荐的方法。你能在出版物中或互联网上很容易地找到你所需要的任何资料信息,特别是在那些能够反映投资者自我决定的投资意愿的市场价格中,在可公开获取的公司财务报表中,以及在有信誉的资料提供者出版的市场预测数据中找到。拥有这样一组资料数据,你就不需要听从时刻充斥在投资界中的推荐杂音,无论这些推荐来源如何令人兴奋或地位高深。你可以追随投资者的行动,而不是大师的建议。你在堵上耳朵不去听那些困扰投资者的声音方面做得越成功,你在投资方面就会做得越成功。用你的眼睛,而不是你的耳朵,来告知你的大脑。

拉帕波特和莫布森所描述的读懂未来不是一件简单的任务,尽管他们推荐的方法是直观和简捷的。在一个你总是把握不住未来的动态经济环境中,没有一种证券选择方法将会保证你永远成功。成功的诀窍是知道你将要去哪里,你为什么要去那里,以及你为什么必须忽略那些缺乏通向价值核心的合理路径的方法。预期投资这种方法满足全部这三个要求。正如上面我建议的那样,不要将股票选择与艺术品收藏混为一谈。

前　　言

股票价格是市场对公司未来业绩预期的最清楚和最可靠的信号。成功投资的关键是估计包含在当前股票价格中的期望业绩水平，然后评估发生预期修正的可能性。只有正确地读懂市场预期并预见到预期修正，投资者才能提高其实现超常投资收益的概率。预期投资方法能够让你识别出正确的预期，并有效地预见到包含在公司发展前景中的预期修正。

预期投资方法与职业基金经理和个人投资者现在使用的选择股票的方式有着根本的不同。本书呈现给读者的是，采用预期投资方法能够获得的极具诱惑力的好处以及投资者实施预期投资方法所需要的各种工具。这些工具适用于所有公开上市交易的股票，包括旧经济股票和新经济股票、价值型股票和成长型股票，以及初创公司的股票。

本书能够为投资组合管理者、证券分析师、投资顾问、个人投资者和商科学生提供预期投资的能力。我们相信，预期投资方法将会给企业界和投资界带来重大的效益。毕竟，投资者和管理者都把股票价格当做公司业绩的"记分牌"。那些寻求战胜标准普尔 500 指数或同类指数的公司可以使用预期投资方法来证实其目标的合理性。

在第一章中,我们阐述了采用预期投资方法的理由,并解释了为什么说关注于短期收益和市盈率的传统分析方法追逐的是错误的预期。在本书的第一部分"汇集工具"(第二章至第四章)中,我们介绍了实施预期投资方法需要的所有工具。在第二章中,我们将证明股票市场的预期是基于公司的长期现金流;我们介绍了如何使用这种模式估算股东价值。第三章介绍了预期基础结构,它是一种能有效地帮助投资者理解预期修正的潜在来源的新工具。第四章提出了竞争策略分析框架,据此你能够提高正确预见预期变化的概率。

第五章至第九章(本书第二部分"实施过程")介绍了预期投资方法在实施方面的问题。第五章、第六章和第七章是本书的核心,它们具体阐述了这种三步预期投资方法。第五章概述了方法的第一步,向你展示如何估计隐含在公司股票价格中并证明股价合理的市场预期。这一步允许投资者在不需要作投机性的长期预测的情况下利用贴现现金流模型。第六章整合了前四章中所有的工具,用来识别潜在的预期机会(即对当前预期进行有意义的修正)。第七章介绍了预期投资方法的最后一步。在本章中我们建立了一个界限清晰的操作标准,用以决定买入、卖出或持有股票。在对大多数公司进行投资分析时,这种三步预期投资方法是你所需要的全部。某些初创公司以及正在经历巨大变动和不确定性的已建公司则需要另外的分析方法，因为来自现有业务的现金流远远不能证明股票价格是合理的。第八章采用实物期权分析方法估计这些未来具有不确定机会的公司的潜在价值。在第九章中，我们将公司分成三种业务类型（实物型、服务型和知识型）。尽管每种业务类型具有不同的特征，然而我们将证明预期投资方法能够跨越不同经济景观，适用于所有类型的公司。

最后，在第十章至第十二章（本书第三部分"读懂公司信号"）中，我们考察了与股价有关并常常给投资者提供重要信号的三种公司交易行为（兼并与收购、股票回购和激励报酬）。具体来讲，我们揭示了融资收购、回购股票和使用股票期权作为激励报酬等决策如何反映管理层对公司前景的看法（相对于市场预期）。

请到预期投资网站（www. expectationsinvesting. com）访问我们。

致　谢

有很多人阅读过本书初稿的部分内容,并且提出了一些很有价值的建议。我们将最诚挚的谢意献给戴维·贝赞可(David Besanko)、杰克·赛斯列恩斯基(Jack Cieslielski)、马丁·L.雷伯维兹(Martin L. Leibowitz)、蒂莫西·A.鲁曼(Timothy A. Luehrman)、威廉·米勒三世(William Miller III)、托马斯·诺丁(Thomas Nodine)和理查德·塞勒(Richard Thaler)。我们向马莎·阿姆拉姆(Martha Amram)致以特别的谢意,她慷慨地贡献出她的重要见解,并使我们在第八章中对实物期权的讨论清晰易懂,同时丰富了我们对这一主题的理解。

我们十分感谢瑞士信贷第一波士顿(Credit Suisse First Boston)公司现在和以前的员工,他们为我们提供了本项目所需的相关资料,并始终鼓励着我们。尤其要感谢的是:简·亚当斯(Jane Adams)、特伦斯·卡斯雷(Terrence Cuskley)、布雷迪·杜根(Brady Dougan)、杰伊·弗里德曼(Jay Freedman)、鲍勃·希勒(Bob Hiler)、阿尔·杰克逊(Al Jackson)、保罗·约翰逊（Paul Johnson）、斯蒂芬·卡瓦贾（Stephen Kawaja）、史蒂夫·克劳斯（Steve Kraus）、劳拉·马丁（Laura Martin）、帕特里克·麦卡锡（Patrick McCarthy）、迈克尔·里甘（Michael Regan）、亚历山大·谢（Alexander Schay）和查利·沃尔夫（Charlie Wolf）。

我们还要特别感谢梅利莎·利特尔（Melissa Little），她不仅帮助我们整理了书稿，还处理了其他所有的杂事——始终怀着毫不松懈的乐观精神和职业精神。

我们得到了 L. E. K. 咨询（L. E. K. Consulting）公司在人员方面所给予的大力帮助，包括合作伙伴马克·科津（Marc Kozin）、利昂·肖尔（Leon Schor）和约翰·托马斯（John Thomas），以及顾问委员会委员小哈里·M. 詹森·克雷默（Harry M. Jansen Kraemer, Jr.）、詹姆斯·劳伦斯（James Lawrence）、韦恩·洛厄尔（Wayne Lowell）、罗伯特·罗丝（Robert Roath）、尼尔·斯克梅尔（Neal Schmale）和艾伦·夏皮罗（Alan Shapiro）。拉帕波特是公司的研究咨询师，莫布森是公司顾问委员会的委员：我们俩在与 L. E. K. 咨询公司的合作中都受益匪浅。

作为一名在西北大学凯洛格管理学院工作了 28 年的教职人员，拉帕波特要感谢学院，因为本书极大地受益于学院提供的非凡的模拟教学和研究环境。同时，与阿尔卡尔集团公司（The Alcar Group, Inc.）——他与小卡尔·M. 诺布尔（Carl M. Noble, Jr.）在 1979 年共同创立的公司——的合作有助于学习如何将股东价值从理论转化成为有组织的现实。

我们非常感谢哈佛商学院出版社的工作团队,特别是我们的编辑柯尔斯滕·桑德伯格(Kirsten Sandberg),他那些富有见地的建议使我们的文稿得到了显著的提升;还有哈佛商学院出版社的社长卡罗尔·佛朗哥(Carol Franco),他的热心保证了本书的成功出版。我们还要感谢文稿编辑简·贾奇·波娜瑟(Jane Judge Bonassar),她以极高的职业水准和愉快的心情帮助我们通过了反复修改的过程;还有彭尼·斯特拉顿(Penny Stratton)和帕蒂·博伊德(Patty Boyd),他们的编辑建议有助于书稿的成型。

多年来,我们一直十分敬慕彼得·伯恩斯坦(Peter Bernstein)的学术著作和实用性文章。现在我们感到非常荣幸,他同意为本书撰写序言。

最后,我们得到了来自家人的大力支持。阿尔(Al)感谢他的妻子莎伦(Sharon)以及他的儿子诺特(Nort)和米奇(Mitch)。迈克尔(Michael)感谢他的妻子米歇尔(Michelle)、他的父母、他的继母安德烈娅·马洛尼-莎拉(Andrea Maloney-Schara),以及他的可爱的孩子安德鲁(Andrew)、亚历克斯(Alex)、马德琳(Madeline)和伊萨贝尔(Isabelle)。

第一章　基于预期的投资问题

当你浏览消费者新闻与商业频道（CNBC，Consumer News & Business Channel，美国广播公司的网上财经频道。——译者注）或者阅读任何一本流行的商业期刊时，你总能看到一种熟知的场景：成长型基金经理会解释说，他寻找收益迅速增长，但市盈率合理且管理完善的公司；而价值型基金经理则会夸赞购买低市盈率的优质公司股票所具有的优点。这种事情每天都在发生。

但是让我们仔细想一想，这些投资者真正想说的是什么呢？当成长型基金经理购买一支股票时，他是在赌股票市场没有充分反映这个公司的成长前景；而价值型基金经理则是在赌股票市场低估了这个公司的价值。这两种情况的共同之处在于，他们都认为市场的当前预期是不正确的，并且很有可能会通过股价的上涨得到修正。

虽然投资者总是在谈论预期，但是他们通常谈论的都是错误的预期。这种错误可以分为两种情形：要么是投资者不能正确看待预期的结构，要么是他们没有准确确定预期的基准。

一个结构有缺陷的例子是投资者对于短期收益的极度关注。结果证明，短期收益对评价预期并不是非常有用的，原因在于它在反映市场如何给股票定价方面并不是一个很好的指标。然而，即使投资者确实采用了一个适当的经济模型，他们也经常达不到正确评价预期的目标，因为他们在确定预期的基准时偏离了市场的预期。如果不知道今天的预期在何处，就很难知道明天的预期可能走向何方。

本书的中心主题是：具备准确读懂市场预期且提前预见预期修正的能力是获得超常收益（超过适当基准的长期收益）的法宝。股票价格是投资者集体预期的结果，这些预期的变化将决定你的投资成功与否。

从这个角度看，股票价格是信息（预期）的赠品，它等待着你去打开和享用。如果你已经明确了当前预期，那么你就能够断定它们未来的发展方向。正如伟大的冰球运动员韦恩·格雷茨基（Wayne Gretzky）所说，你能学会"滑到球将要到达的位置，而不是它现在的位置"[1]。这就是预期投资。

与常规的做法显著不同，预期投资方法是一种在利用市场自有定价模型——贴现现金流模型——的基础上作出了一些重要变化的股票选择过程，它不是从预测现金流开始，而是从解读隐含在公司股票价格中的预期开始。[2]它还揭示了预期的修正是如何影响价值的。简单地说，预期投资使用正确的工具估计出正确的预期,用以确定正确的投资行为。

我们需要把隐含在价格中的预期融入我们的投资决策之中。为什么是在现在? 因为现在这样做的重要意义比以往任何时候都高。想想下面这些问题吧:

➤ 超过5 000万的美国家庭(几乎是总数的 1/2)拥有共同基金。更多的个人通过购买股票和投资于自主式退休账户(self-directed retirement accounts)直接参与到股票市场,或者通过养老金计划间接参与到股票市场。就全球而言,预期投资能给投资者提供一个完善的股票选择框架,或者至少能给投资者提供一个判断其投资组合管理者的决策是否正确的有用标准。

➤ 投资者迅速地把他们的资金从表现不佳的基金中撤出。使用过时的分析工具的资金管理者会有使基金表现不佳从而给投资者造成损失的风险。预期投资适用于不同的经济景观(旧经济和新经济)和各种投资风格(成长型和价值型)。

➤ 由于交易成本的降低导致获取信息变得比以往更容易,再加上主动型基金经理令人失望的业绩表现以及管理资金的巨大乐趣,很多个人投资者正在远离采用主动管理策略的共同基金,开始看管他们自己的投资。事实上,在 2000 年,美国个人投资者管理着超过2 800万个在线交易账户,在线交易在数量上已经超过了零售交易量的 1/3。如果你现在正在管理着你的投资,或者正在考虑准备管理,那么预期投资方法就会提高你取得优异业绩的概率。

➤ 公司的主要决策（例如并购融资、股票回购和员工股票期权）比以往任何时候都更加依赖于对公司股票价格的合理判断。这些发行股票或回购股票的决策可能向市场发出修正其预期的信号。预期投资提供了一种读懂管理决策并提前预见市场预期的修正的方法。

预期投资是基于坚实理论基础的一个实践应用，这种理论在过去二十多年中一直被许多公司采用。预期投资方法中包括价值创造原理和竞争策略分析。我们特别为投资者量身定做了这些工具，并为投资者创造了一套新的完整的有效工具箱。

主动型投资的成功只能变得更加困难。随着创新的加速、全球相互依赖性的加强和信息流的剧增，投资的不确定性显著增大。我们有理由相信，预期投资方法会把这种日益增大的不确定性转化为机会。此外，于2000年末开始实行的美国证券交易监督委员会的公平披露规则（Regulation FD）要求公司对所有的投资者同时披露原始信息，因此没有一个人能够获得信息优势。

主动型管理：挑战与机遇

大多数主动型管理者（包括机构和个人）从他们的投资组合中所取得的收益都低于那些复制主要市场指数（例如标

准普尔 500 指数)的被动型基金的投资收益。事实上,大约 3/4 的主动型管理者在通常年份都落后于被动型投资的基准收益,这是长期的统计数据告诉我们的一个结果。[3]

投资业绩是一个零和博弈:有一个战胜了市场的投资者,就会有另一个落败于市场的投资者。在这样的环境下,我们认为有技能的投资者应该赢利,没有技能的投资者则会遭受损失。因此,那些有才能的投资专家的不佳表现令人感到困惑。投资界最敏锐的观察家之一彼得·伯恩斯坦(Peter Bernstein)指出,自 1984 年以来,业绩排名前 1/5 的职业基金经理战胜了标准普尔 500 指数,但其获取超常收益的幅度比以前降低了。[4]与此同时,业绩排名后 1/5 的基金经理落后的幅度则比以前越来越大。

为什么机构投资者的业绩表现不如被动型投资的基准指标? 主动型管理真的有意义吗? 如果答案是肯定的,那么有什么方法能够为实现超常收益提供最好的机会呢?

在回答这些问题之前,先给出我们的基本观点:专业管理的基金的不佳表现不是主动型管理本身存在问题,而是主动型投资专家运用了次优的投资策略所致。预期投资方法能够为实现超常收益提供最可行的解决方案。

我们要明确一点,主动型投资并不适合于懦弱的投资者。如果你想要避免业绩落后于市场,而且主要市场指数收益就会使你得到满足,那么你应该选择低成本的指数型基金。即使对那些一直以来在努力战胜市场的大多数精明和勤勉的投资者而言,预期投资方法也不是致富的捷径。但是,这种方法将会帮助所有的主动型投资者发挥他们的潜能。

现在,让我们来分析机构投资者表现不如被动型投资基准的四个主要原因——工具、成本、动机和风格局限——进而了解预期投资方法是如何解决相关问题的。

工 具

常规做法:大多数投资者运用基于会计账目的工具,比如短期收益和市盈率。这些存在内在缺陷的评价指标正变得越来越没有价值,因为公司越来越依赖于无形资产而不是有形资产来创造价值。我们将在本章的下一节详细阐述将收益作为市场预期的指标存在的缺点。

预期投资运用现代金融理论来准确描述市场的预期。它开发了一套合适的竞争策略框架,用来帮助投资者提前预见未来的预期修正。

成 本

常规做法:先锋集团(The Vanguard Group)的创始人约翰·博格尔(John Bogle)把成本与共同基金的业绩表现联系起来,他断言:"基金要想让其业绩排名在前1/4,最有把握的方式是成为费用最低的前1/4的基金。"[5]对于股票型基金,每年运作和管理投资的平均费用大约是其资产总额的1.5%。另外,由于有较高的换手率,共同基金还要支付给经纪人1%左右的佣金。面对每年平均2.5%左右的总成本,投资者只能获得年度长期收益率10％的75％（还没有将税收的影响考虑在内）。相反，指数型基金则具有较低的运营费用和交易成本。[6]

预期投资为买卖股票建立了严格的标准，这使得股票投资组合换手率下降，从而降低了交易成本和需要缴纳的税金。

动 机

常规做法：一般来说，基金持有者会将他们的季度收益与一个基准收益（通常是标准普尔500指数收益）进行比较。基金经理们经常会有这样的顾虑：如果他们没有取得一个能够被接受的短期收益，他们将失去殷实的财富，失去他们的工作，最终会失去获得长期超常收益的机会。因此，这些基金经理们很自然地就会被短期相对收益所困扰。如果他们从寻找被错误定价的股票转变成追求最小化其所取得的收益与基准收益的差异，那么他们就降低了其业绩超过指数型基金的可能性。

预期投资能够提高长期超过基准收益的概率，只要基金经理能够摒弃旧的方法而使用更有效的分析工具。

风格局限

常规做法：大多数基金经理都将他们的投资风格归为"成长型"或"价值型"。成长型基金经理寻找销售额和利润迅速增长的公司，其股票通常具有较高的市盈率。价值型基金经理寻找严重低于其期望价值的股票,这些股票通常具有较低的市盈率。值得注意的是,基金行业中的顾问们常常劝说基金经理不要改变其既定的投资风格,从而使其限定在一个他们能够接受的股票选择范围。

预期投资不区分成长型与价值型投资风格,基金经理只需采用一种特定的投资决策来追求长期收益的最大化。正如沃伦·巴菲特(Warren Buffett)的令人信服的观点所述,"那些能够巧辩地称'成长型'和'价值型'投资风格为两种相互对立的投资方式的市场评论员和基金经理们正在展示着他们的无知,而不是老练"。增长率(通常是正的——有时是负的)仅仅是估价方程中的一个变量。[7]

此外,在投资者的考察范围内,预期投资方法不仅能够发现被低估的股票从而制定买入或持有决策,还能发现被高估的股票从而卖出或避免买进它们。

预期投资能够为具有真知灼见且专注的投资者提供一个取得超常收益的合理概率吗?我们认为,答案是肯定的。

1976 年,杰克·特雷诺(Jack Treynor)区分了"那些所产生的影响十分清楚的理念"与"那些在其估价过程中需要进行反思和判断并要用到专门技术的理念"。他认为,后一种投资理念"对长期投资而言是唯一有意义的基础"[8]。当公司宣布意外收益、兼并与收购、开发出新药或者政府的反垄断行动时,这些信息对长期估价的影响极少是清晰的。投资者会迅速评估它们对当前价格有利或不利的影响,并且据此进行交易。毫无疑问,在这些公告发布之后交易量通常会明显地增加。波动的股票价格和不断增加的交易量证实了投资者对这样的信息作出了迅速反应。但是，区别赢家和输家之间的标准并不是对信息的反应速度，而是对信息的解读质量。不同的投资者对相同的信息有不同的解读，其中一些解读比另外一些要好得多。

换句话说，股票价格迅速地反映了修正的但或许是误导的预期；因此，为了投资的成功，投资者必须首先熟练地读懂预期，然后用最有效的工具去确定当前的预期是否会变化以及如何变化。欢迎你走进预期投资。

预期投资方法

在下面的章节中，我们将向你详细地介绍三步预期投资方法。

第一步：估计隐含在价格中的预期

首先，我们采用长期贴现现金流模型"读懂"包含在股票价格中的预期。由此，我们需要将从预测收益或现金流开始进行估价的常规做法倒过来。这种反向的方法具有如下好处：

➤ 长期贴现现金流模型是读懂预期的正确工具，因为它反映了市场给股票定价的方式。

➤ 预期投资解决了投资者面对高度不确定的环境而进退两难的一个困境，它允许投资者不用预测长期现金

9

流就能利用贴现现金流模型的功能。

第二步：识别预期机会

一旦估计出当前的预期，我们就能运用包含在整合的竞争策略分析和财务框架中的合适的策略分析和财务工具来确定预期修正有可能发生的地点和时间。下面是这种方法的优点：

> 预期投资方法能够揭示出股票价格是否对公司销售额、运营成本以及投资需求的预期修正非常敏感，以便投资者能够关注最有可能影响股价的潜在预期修正。

> 预期投资方法为投资者寻找潜在的预期修正提供了最有效的竞争策略框架。

> 预期投资方法所提供的分析工具可以用于评价所有的公众公司，包括旧经济公司和新经济公司、价值型公司和成长型公司、成熟市场中的公司和新兴市场中的公司，以及初创公司和已建公司。预期投资方法能够普遍适用。

第三步：买入、卖出还是持有？

最后，预期投资方法为买入和卖出决策界定了清晰的标准。其主要特征如下：

> 未来的买入或卖出必须有一个清晰的"安全利润空

间"。例如,一支拟买入的候选股票必须是一支相对于其期望价值有足够折价的股票。

➤ 采用行为金融学的重要观点来帮助投资者避免投资决策中的失误。

➤ 使用苛刻的买入和卖出限制条件,用以降低交易成本和收入税。

传统分析的末日

1938 年,约翰·伯尔·威廉姆斯(John Burr Williams)出版了《投资价值理论》(*The Theory of Investment Value*)一书,这是一本阐述如何利用贴现现金流模型进行估价的开创性专著。尽管威廉姆斯作了许多令人信服的解释,然而投资者仍然感觉长期贴现现金流模型太复杂、不可靠,并且不切实际。[9]虽然从那时起金融理论有了显著的发展,但是许多投资者仍然避开这个模型以及由可用的财务和策略分析工具所组成的完整架构去投资。

在后面的章节中,一个预期投资方法的完整示范将揭示其相对于广泛应用的投资工具所具有的分析优势。在此之前,投资界中广泛存在的三种错误观点应该值得特别留意:

1. 市场是短视的。

2. 每股收益支配价值。

3. 市盈率决定价值。

这些错误观点引导投资者追逐错误的预期,经常导致不佳的业绩。下面让我们分别对其进行详细分析。

观点：市场是短视的

事实：市场接受长期看法

多数投资者（和公司管理者）认为，是公告的短期收益而不是长期现金流影响股票价格。他们为什么会持有这种观点？下面是三种比较合理的解释：

第一，投资者错误地解读了股票市场对收益公告的反应。在季度收益公告为投资者提供关于公司长期现金流前景的新信息的同时，股票价格相应地发生了变化。但是，市场并不是机械地对公告的收益作出反应，而是将未预期的收益结果作为一个信号，在适当的时机修正对公司未来现金流的预期。如果市场将令人失望的收益公告作为未来现金流长期下降的一个信号，那么就会导致股票价格下跌。[10]

第二，购买具有长期诱人前景的公司的股票并不经常给投资者带来超常的股东收益。如果公司股票价格已经充分反映了公司的未来业绩，那么股东应该预期将会获得一个正常的市场必要收益率。只有那些能够正确预期公司竞争地位（及其相应的现金流）发生变化的投资者，在公司当前股票价格没有作出反应的条件下才能获得超常收益。

第三，市场评论员经常建议缩短（而且正在缩短）投资者的持有期，以支持他们认为市场是短视的观点。约翰·博格尔注意到基金的平均持股期从20世纪60年代中期的7年左右直线下降到 2000 年的 1 年多一点。[11] 持有股票几个月或者几天的投资者怎么可能关注一个公司的长期前景呢?

这个难题有一个简单的解答:投资者持有期与市场的投资期不一致。为了弄懂市场的投资期,你必须关注股票价格,而不是投资者持有期。研究表明,你必须把预期的现金流扩展许多年以证明股票价格是合理的。面对长期结果,投资者下了一个短期赌注。

我们如何知道市场接受长期看法?最直接的证据来自于股票价格本身:我们可以估计出隐含在当前价格中的现金流的预期水平和持续期。结果显示,大多数公司都需要用十多年的创造价值的现金流来证明它们的股票价格是合理的。

间接的证据来自于当前股票价格的一个百分数,即股票价格在多大程度上可以归因于未来五年的预期红利。道琼斯工业平均指数中的股票其价格大约只有 10%—15% 可以用未来五年的预期红利来解释。[12]

观点:每股收益支配价值

事实:收益几乎没有告诉我们任何关于价值的信息

投资界极其关注每股收益。《华尔街日报》(*Wall Street Journal*)和其他金融出版物大量地报导季度收益、每股收益增长率和市盈率。这种广泛的报导和市场对收益公告的频繁反应,使得一些人相信报告收益能够强烈地影响(即使不是完全决定)股票价格。

然而,收益与长期现金流之间的极大差异不仅说明了为什么收益对于预期来讲并不是一个好的指标,而且还证明了为什么收益的增加并不一定必然提升股票的价格。收益的缺点在于:

> 收益没有考虑资本成本这种费用。
> 收益没有考虑支撑公司成长所需要的营运资本和固定资本的增量投资。
> 公司能够用其他完全可接受的会计方法调整收益。

贴现现金流模型和股票价格考虑了货币的时间价值:今天的一美元比一年之后的一美元值钱,原因在于我们可以将今天的钱进行投资,在一年后获得收益。所以,当公司投资的时候,它必须将该投资的收益率与其他具有相同风险的投资机会产生的收益率进行比较。这种机会成本(或者资本成本)就是贴现现金流模型的折现率。与之相反,收益计算忽视了这种机会成本。

在贴现现金流模型中,只有当公司在其新投资中获得超过资本成本的收益率的时候,价值才会增加。然而,一家公司不用投资在相当于或者高于资本成本的项目就可以增加收益(参见本章附录中一个具体例子)。因此,较高的收益并不总是能转变成较高的价值。

再考虑一下第二个差异——营运资本和固定资本所必需的投资。有些收益并不能作为现金流出投资于公司的未来增长,如应收账款、存货和固定资产的增加。与之相对,贴现现金流模型考虑所有的现金流入和现金流出。家得宝(Home Depot)公司 1999 财年的净收益是 23.2 亿美元,而它的现金流却只有 0.35 亿美元(见表 1-1)。无论是在近期还是在远期,第一个数字能告诉你关于第二个数字的什么信息? 几乎是零。

对于道琼斯工业平均价格指数中的 30 家公司,其现金流占净收入的百分比显示出一个类似结果:这组样本中现金流大约是收益的 80% 左右,而且 30 家公司中收益超过现金流的公司有 23 家。[13]

表 1-1　家得宝公司收益与现金流的调整(1999 年,单位百万美元)

	收　　益	调整值	现金流
销售收入	38 434		
＋应收账款的减少		85	38 519
销货成本	(27 023)		
＋存货的增加		1 142	(28 165)
销售及管理费用	(7 616)		
－应付账款的增加		795	(6 821)
＋折旧		463	463
－资本费用		2 581	(2 581)
净利息	9		9
所得税	(1 484)		
－应缴所得税的增加		95	(1 389)
净收益	**2 320**		
现金流			35

资料来源:家得宝(Home Depot)公司 1999 年度财务报表。

最后,公司可以用一系列合法的方法来确定收益。会计人员如何记录商业事件并不会改变商业事件,因而也不会改变它对股东价值的影响。

有经验的会计人员通常都承认，他们和他们的习惯做法在企业估价中都没有比较优势。公司财务报表的角色是对估价提供有用的信息。

两个基本步骤——收入确认和费用与收入匹配——决定着公司的收益。公司在销售产品或服务的同时实现收入，并且能够合理地确定将来从消费者手中收回的金额。然后，扣除所需要支付的成本后形成当期的利润。换言之，公司将费用与收入匹配。这种匹配原理在概念上很容易被掌握，但是在执行中却经常被随意滥用。

会计准则为公司在收入确认、折旧方法和存货记账等方面提供了自由选择的余地。数万亿美元的重组费用为公司获得未来虚幻的收益创造了"饼干罐"储备。最后，收益也没有考虑员工股票期权的成本。我们将在第五章介绍对其进行估价的方法。

尽管收益指标存在缺陷，然而华尔街仍然热衷于玩收益预期的游戏。不过，它却一个错误的预期游戏。

下面的文字介绍了收益游戏的基本规则，并说明了为什么它对于投资者和管理者来说是一个"双输"的事情。

分析家们需要猜测公司每个季度的收益是多少。公司可以向分析家们提供用于估计公司收益的线索或者所谓的引导。这个引导数字通常作为分析家们的一致估计被披露出来。如果公司的实际收益恰好达到或者刚好超过分析家们的一致估计，公司和分析家们都获胜：公司股票价格上涨，每一方看起来都干得不错。这个游戏听起来比较容易，但是它需要大量的协作。公司为了实现一致的收益估计而处于巨大的压力之下，同时分析家们要依靠这些公司在第一时间内帮助他们作出其收益预期。[14]

在这场游戏中，公司有两个操控杆。公司既可以操控预期，也可以操控收益，或者二者兼而有之。为了操控预期，公司引导分析家们拿出一个公司可以实现的收益数字。然而，为了轻松地实现这个收益预期，公司通常会低估它们的近期前景。

如果一家公司没有能够达到或者超过预期目标，那么它会操控预期向下修正或者操控收益。灵活的会计方法通常允许管理人员进行选择，以避免不利的收益意外，这一点甚至在一个未预期的经济增长减速的背景下也可以做到。并不令人惊讶的是，标准普尔 500 指数成分公司中有 20% 左右的公司在通常情况下季度收益勉强能超过分析家们的平均估计，且多数的收益意外是正向的。投资者必须区分那些真正能实现超预期的经营业绩的公司和那些巧妙地操控预期和收益的公司。[15]

收益预期游戏有两个意外的结果。第一，它导致证券分析师以牺牲独立分析为代价集中关注季度收益估计。这种集中关注的结果降低了华尔街研究的价值。第二，它导致管理者错误地将关注重点放在了取悦投资者上。报告收益的平稳增长能够掩盖那些迫切需要管理者解决的基本经营问题。如果未被解决,这些问题必然导致市场对公司的预期向下修正。

观点: 市盈率决定价值

事实: 市盈率是价值的一个函数

投资界喜欢的估价指标是市盈率(P/E)。作为投资者愿意为股票支付多少代价的一个度量指标,市盈率等于股票价格(P)除以公司每股收益(E)。[16]投资者将它放入一个具有迷惑性的简单的估价公式之中:

每股股东价值(V)=每股收益(E)×市盈率(P/E)

在每股收益估计可以得到的情况下,投资者仅需用适当的市盈率就能计算出股票价值,然后将计算结果与股票的当前价格进行比较,进而确定股价是否被低估、高估或者合理估计。这种计算很容易,但是结果却会令人失望。

仔细地分析一下上述公式。由于我们知道上一年每股收益或者下一年每股收益的一致估计,因此我们只需要估计合适的市盈率。然而,由于我们得到了分母(每股收益,E),唯一不知道的就是合理的股价(P)。因此,我们陷入了一个无用的同义反复:为了估计价值,我们需要价值的估计。

这种有缺陷的逻辑推理凸显出一个基本要点:市盈率的确不能决定价值;相反,它由价值决定。市盈率分析不是分析的捷径。它是一个经济学的死胡同。

基 本 思 想

➤ 能够读懂市场预期并且预见到预期改变的投资者极有可能会获得超常的投资收益。

➤ 预期投资方法采用功能强大的贴现现金流模型,但是它是从价格开始,然后估计预期。

➤ 参与收益预期游戏的投资者是在玩一个注定失败的游戏,因为短期收益并不能反映市场是如何给股票定价的。

附录:收益增长与价值创造

为什么公司的收益增长与股东价值增长不同步?我们以收益增长股份有限公司(Earnings Growth, Incorporated, EGI)为例来解释这个问题。为了计算简便,假设收益增长公司没有负债并且不需要增加投资。这种简单化假设不影响我们的分析结论。收益增长公司上一年度的损益表如下:

	(单位:百万美元)
销售收入	100
营业费用	85
营业利润(15%)	15
税(40%)	6
收益	9

假设收益增长公司在可预见的未来保持现在的销售水平和利润率。由于有12%的权益资本成本,收益增长公司的股东价值是900万美元除以12%,即7500万美元。

现在,让我们假定收益增长公司有一个用自有现金750万美元进行投资的机会,这项投资可以使公司的销售收入扩大10%,同时保持15%的税前利润率。下面是收益增长公司下一年和以后年份的预测损益表:

（单位：百万美元）	
销售收入	110.0
营业费用	93.5
营业利润（15%）	16.5
税（40%）	6.6
收益	9.9

现在，收益增长公司的股东价值等于8 250万美元（990万美元除以12%）减去750万美元的投资，即7 500万美元（8 250 － 750 ＝ 7 500）。注意，尽管有10%的收益增长，但是股东价值仍然保持不变，原因在于7 500万美元的投资使每年的税后现金流增加了90万美元，在贴现率等于12%的情况下，它的价值实际上是750万美元。因此，当增加的现金流入的现值与现金流出（投资）的现值相一致的时候，股东价值没有变化。

当新投资的收益率低于资本成本时，即使收益增加，股东价值也会减少。例如，假设收益增长公司投资了1 500万美元，使得下一年有20%的销售收入增长率。但是，增加的销售收入的税前利润率仅为10%，而不是之前估计的15%。下面是公司下一年和以后年份的修正预测损益表：

（单位：百万美元）	
销售收入	120.0
经营费用	103.0
经营利润	17.0
税（40%）	6.8
收益	10.2

尽管公司收益从 900 万美元增长到 1 020 万美元,或者说增长了 13.33％,但是公司股东价值下降到 7 000 万美元(1 020万美元除以 12％,再减去 1 500 万美元),减少了 500 万美元。

股票价格与收益增长只有微弱的联系,而未来现金流的预期变化则驱动着股东价值和股票价格的变化。所以,即使伴随着股东价值的增长,报告收益的增长也可能引起投资者预期降低,进而引发股票价格下降。

第一部分 汇集工具

第二章　市场如何给股票定价？

根据传统的贴现现金流分析,你要先预测现金流再估计股票的价值。预期投资方法则颠倒了这个次序,它从一个内涵丰富、有待开发的信息源——股票价格——入手,确定能证明股票价格是合理的现金流预期。反过来,再将这些预期作为买入、卖出或持有股票的决策基准。

在我们沿着预期投资路径进行分析之前,我们需要确定我们追踪的是正确的预期。因此,我们必须回答一个基本问题:金融市场中的价格是否能真正反映预期的未来现金流?

正 确 预 期

让我们回顾第一个原理,看看为什么股票市场以长期现金流作为预期的基础。今天一美元的价值大于未来一美元的价值,因为你能将今天的一美元投资并且赚取一个正的投资收益率,这是一个被称为复利的过程。与复利相反的过程是贴现,它将未来的现金流转换为等价的现值。一项资产的现值是其预期现金流以一个期望收益率(即投资者期望从具有相同风险的资产中获得的收益率)进行贴现的现值总和。该现值是投资者为一项资产应该支付的最高价格。[1]

贴现现金流模型能够在所有功能完善的资本市场中确定价格,包括债券和房地产市场中的价格。例如,债券发行者以合约形式规定了息票利率、本金偿还和到期期限。事实上,债券的价格就是以当前预期收益率作为贴现率的约定现金流的现值总和。当通货膨胀预期或者一家公司的信用状况变化导致一个更高或更低的预期收益率之时,公司债券的价格也会随之发生变化。市场决定价格,因此预期收益应该与人们所感受到的风险相匹配。

贴现现金流模型同样可以用来确定商业房地产市场中的价格。在20世纪90年代初期纽约帝国大厦出售时,房地产专家认为它的市场价值应该在4.5亿美元。但是,它的购买价格却不足4 000万美元,原因在于该建筑物的长期总租(master lease)收益率低于市场利率。决定帝国大厦价格的既不是其华丽的名字,也不是其极佳的位置,而是其贴现现金流的价值。[2]

考虑到现金流的数量、时间结构安排和风险能够决定债券和房地产的价值,我们也可以期望这些变量能够用于确定股票价格，尽管股票的这些变量具有较大的不确定性。债券是通过合约形式规定了确定的现金流和本金偿还日期，但是股票的现金流是不确定和无期限的，并且没有本金偿还准备。正是由于具有更大的不确定性，股票比债券更难估价。

这是否意味着我们不应该采用贴现现金流给股票估价呢？当然不是。毕竟，投资者购买任何金融资产所获得的收益依赖于这些资产在持有期内产生的现金流以及卖出它们时所获得的收入。约翰·博格尔为贴现现金流估价法争辩道："回报一定是基于未来的现金流，只不过是早晚的问题。毕竟，任何股票市场的设立目的都是为股票提供流动性，以换得承诺的未来现金流，从而使投资者可以在任何时候兑现未来收入流的现值。"[3]

大量的经验研究表明，市场决定股票价格就如同决定其他金融资产的价格一样。具体来讲，这些研究发现了两个关系。第一，市场价格会对公司现金流预期的变化作出反应。第二，市场价格反映的是长期现金流预期。正如第一章所示，公司通常需要10年的创造价值的现金流来证明其股价是合理的。对于那些具有强大竞争优势的公司，这一期间能够持续30年。

但是，大多数基金经理、证券分析师和个人投资者都会尽力回避预测长期现金流，因为这相当困难。作为替代方法，他们主要关注近期收益、市盈率以及类似的度量指标。只有在我们能够将这些指标作为公司长期现金流预期的替代变量的情况下，它们才能够帮助识别价值被低估的股票。然而，近期业绩的静态度量指标并不能反映未来的业绩，因而最终它们会使投资者失望，尤其是在以激烈竞争和分裂型技术为标志的全球经济中。不能估计一家公司的未来现金流预期，投资者就无法得出股票是被低估还是被高估的结论。

股东价值路径图

"现金流"的精确含义是什么？它如何决定股东价值？图2-1描述了一个估计股东价值的简单而直观的过程。

让我们快速浏览一下估价的流程。股东价值路径图显示了如下关系：

> 销售收入增长和营业利润率决定了营业利润。
> 营业利润减去现金税，得出税后净营业利润（NOPAT）。
> NOPAT减去对营运资本和固定资本的投资等于自由现金流。将自由现金流作为支付债权人债务和股东股息的资金来源。
> 用资本成本对自由现金流进行贴现，得出公司价值。
> 公司价值加上非经营资产，减去债务的市场价值等于股东价值。

图2-1 股东价值路径图

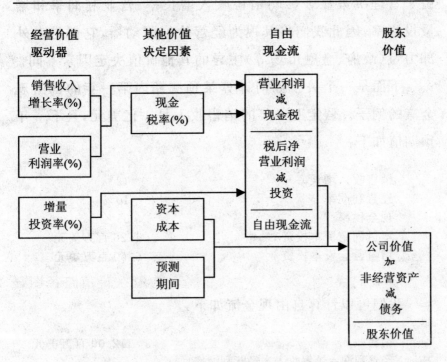

上述关系描述了标准的贴现现金流过程,先估计现金流再确定股东价值。与之形成鲜明对照的是,预期投资则颠倒了这个次序,它从价格(可能不同于价值)开始,然后确定能证明该价格是合理的隐含现金流预期。

自由现金流

我们可以很方便地使用我们熟悉的财务报表变量来估计市场对未来自由现金流的预期。再看一下图2-1。三个经营价值驱动器(销售收入增长、经营利润率和增量投资)

和一个价值决定因素(现金税率)共同决定了自由现金流。由于管理决策显著影响销售收入增长率、营业利润率和增量投资率,因此我们将其视为经营价值驱动器,它们与由外部力量(政府、金融市场等)主导的其他价值决定因素不同。

下面是一个关于如何计算某预测期内第一年的自由现金流的例子。假定上一年的销售收入是1亿美元,且下一年预期值如下:

销售收入增长率	12%
经营利润率	10%
现金税率	35%
增量固定资本投资	1.20 百万美元
增量营运资本投资	0.60 百万美元

我们可以计算自由现金流如下:

销售收入	112.00 百万美元
经营利润=销售收入×经营利润率 =112.00×10%	11.20
减:现金税=经营利润×现金税率 =11.2×35%	(3.92)
NOPAT	7.28
增量固定资本投资	1.20
增量营运资本投资	0.60
减:总投资	(1.80)
自由现金流	5.48 百万美元

销售收入数据与损益表中第一行数字相同。销售收入增长率是本年销售收入与上年相比变化的百分比。经营利润率是息税前的经营利润与销售收入的比率。由于我们要

计算现金流，因此我们排除了诸如无形资产摊销等非现金费用。考虑到折旧费是经营利润率计算中的一部分，虽然它是一个非现金项目，但是我们不能漏掉它——稍后我们会将它从资本支出项目中扣除，这样自由现金流才能是一个真正的"现金"数字。

再考虑税收。在一个给定的期限内，损益表中的税费（账面税值）通常都会大于实际支付值（或现金税）。为什么？因为出于账面或税收的目的，公司可以在不同时期确认一些税收和费用项目。

例如，一家公司出于账面目的可能使用直线折旧法，而出于税收目的可能使用加速折旧法。由于加速折旧大于直线折旧，它增加了公司的费用，并减少了现金税账单。结果是，现金税率通常低于账面税率。[4] 表 2－1 显示了 1997—1999 年不同行业的平均现金税率。

用现金税率计算应付税金采用的基数是经营利润，而不是税前收入。因此，要计算一家公司的应付税金，我们必须去掉利息费用和非经营收入（或费用）的税收影响，即使在公司全部采用股权融资的情况下也一样。利息费用税金抵减（利息费用乘以税率）的税收好处是增加了现金税账单，而对非经营收入的征税减少了对经营利润的征税。

现在我们得到了 NOPAT。为了计算出自由现金流，我们必须减去对固定资本和营运资本的增量投资。增量投资囊括了公司的所有投资（费用项目除外），不仅包括日常的资本支出和营运资本变化，而且还包括收购支出。我们必须考虑所有形式的投资。

表 2 - 1 行业现金税率(1997—1999 年的平均值)

	现金税率(％)
基础材料	29.2
资本品	29.8
周期性消费品	
汽车及其零部件	32.1
零售	36.4
主要消费品	
饮料	30.0
传媒	29.6
食品	35.3
能源	29.4
金融	27.0
健康医疗	
生物技术	29.9
医护管理	34.3
专业医师	39.8
制药	28.5
科技和电信服务	
电脑处理硬件	33.9
主要电信服务	30.7
半导体	33.1
软件	32.5
交通运输	24.0
公用事业	31.0

资料来源:CSFBEdge 数据库。

让我们从固定资本投资开始。为了考察市场预期,我们应该利用能够提供长期收益预期的公开可得的服务信息(如价值线投资调查和分析师预测),来估计公司增量固定资本投资比率，即单位销售收入增长所需增加的固定资本投资。更具体地说，我们用资本支出减去折旧费用，然后除以同期销售收入预期变化来计算这个比率。[5]如果这个比率等于10％，那么在第一年销售收入从1亿美元增长到1.12亿美元，将会使固定资本投资增加120万美元（1 200万美元×10％＝120万美元）。

历史投资比率对估计合理预期的效用如何？答案依赖于公司产品结构的相对稳定性、技术的变化和公司通过提高售价或者更高效使用资产抵消固定资本成本增加的能力。根据相关信息调整的历史投资比率是评价预测比率的合理性的一个有用基准。

相对于销售收入变化的经营性营运资本变化决定了一家公司的增量营运资本投资率。该比率是营运资本变化（即增量投资）相对于销售收入增长的百分比。经营性营运资本等于流动资产（应收账款和存货）减去非利息的流动负债（应付账款和应计债务）。随着公司业务增长，经营性营运资本通常会按比例增长。

营运资本变化反映了公司收益和现金流的差异。例如，从年初到年末期间的应收账款增加表明，公司收到的现金少于已记录的销售收入所显示的现金收入。出于会计目的，公司在交付货物或服务时确认销售，但是出于估价的目的，重要的是公司何时收到现金。

存货一般会随销售收入的增加而增加。增加的存货需要公司用现金支付原材料、劳动力和日常管理费用。由于货物销售成本没有包含额外存货的现金费用,因而我们必须将它包括在营运资本投资中。

营运资本的最后一部分(应付账款和应计债务)对应收账款和存货有抵消作用。应付账款和应计债务表示的是已经从损益表中扣除的未付费用。由于公司在确认费用之后才支付现金,因而应付账款的增加减少了当年的现金支付和营运资本投资。

如果增量营运资本投资率的市场平均估计是 5%,那么第一年销售收入增长 1 200 万美元需要 60 万美元(1 200 万美元×5%=60 万美元)的增量营运资本投资。表 2-2 显示了不同行业增量固定资本与营运资本的投资比率。很自然地,个别公司的比率可能与行业平均水平差别很大。

预测期的自由现金流只代表公司价值的一小部分。毕竟,一家公司在预测期末仍然具有价值——它的现金流不会在那个时候神秘地消失。残值(预测期之后自由现金流的价值)通常构成公司总价值的大部分。

估计残值的最好方法是什么呢?我们推荐永续年金法或考虑通胀的永续年金法;不过,对很多公司来说,考虑通胀的永续年金法更为有效。这两种方法都假定获得高于资本成本的收益的公司将会吸引竞争者加入,最终导致预测期结束时收益降低至资本成本。而且,这两种方法都假定公司可以在预测期结束之前保持它的税后净经营利润,并且未来投资不创造价值。这两种方法都没有认为公司不会增长,却都认为额外的增长不会增加股东价值。

表 2－2 不同行业增量固定资本与营运资本投资

（1997—1999 年的平均值）

	增量固定资本比率 （％）	增量营运资本比率 （％）	总投资比率 （％）
资本品	48	28	76
周期性消费品			
汽车及其零部件	44	2	46
零售	25	2	27
主要消费品			
饮料	43	4	44
传媒	72	20	91
食品	24	2	26
能源	263	3	266
金融	13	—	13
健康医疗			
生物技术	42	－11	31
医护管理	47	59	106
专业医师	34	39	73
制药	30	22	51
科技和电信服务			
电脑处理硬件	7	－6	0
主要电信服务	168	2	170
半导体	20	－9	11
软件	9	7	16
交通运输	146	－2	144
公用事业	96	3	98

资料来源：CSFBEdge 数据库。

　　考虑通胀的永续年金法假设自由现金流在预测期结束之后将以通胀率的速度增长，这就意味着税后净经营利润保持在实际水平。与此相反，永续年金法隐含了税后净经营利润以名义形式保持固定（本章结尾附录部分详述了这两种方法的推理及计算过程）。没有一个残值公式适用于所有的情况。你对公司在预测期结束时经营竞争地位的假设将决定你选择哪一种方法。[6]

我们现在知道了如何利用熟悉的财务报表体系，并将它们转化为自由现金流。将自由现金流转化为企业价值，我们需要估计一个适当的贴现率——资本成本。

资 本 成 本

包括债务和权益的加权平均资本成本（WACC）是贴现自由现金流的合适的贴现率。例如，假定你要估计一家公司的税后债务成本是 4.3％，权益成本是 11％。公司计划按如下比例募集资本：15％的债务和 85％的权益。该公司的加权资本成本计算如下：

	权重(%)	成本(%)	加权成本(%)
债务(税后)	15	4.3	0.65
权益	85	11.0	9.35
资本成本			10.00

由于债权人和股东都可以对自由现金流主张权利，资本成本合并了债权人和股东的预期收益。（记住，自由现金流是息前的。）加权平均资本成本根据二者对公司融资的目标贡献按比例考虑其权利主张。

你应该采用账面（资产负债表）价值还是市场价值计算

目标资本结构的权重？答案显然是市场价值，因为债权人和股东希望通过其持有资产的市场价值增值获得一个具有竞争性的收益率。[7]账面价值反映的历史成本通常不同于市场价值，因此与当前的投资决策不相关。

表2-3列示了不同行业的债务和权益的平均比率。那么你如何估计债务和权益的成本呢？由于债务是按某一特定利率支付利息并偿还本金的合同责任，所以测算它的成本较为简单、直接。它是一家公司当前愿意为其长期债务支付的代价。由于债务的利息费用是免税的，所以公司债务融资工具的税后成本计算公式如下：

长期债务的到期收益率×（1－税率）

估计权益成本比较困难一些，原因在于公司没有明确地承诺给予普通股股东任何特定的回报率。尽管如此，投资者还是要求有一个隐含的收益率，或者最低投资回报率（hurdle rate），以购买或持有一家公司的股票。

理性的风险规避型投资者会期望获得一个与其承担的风险成比例的收益率。毕竟，风险就是投资者愿意为机会支付的价格。吸引投资者购买一家公司股票的必要收益率是多少？一个符合逻辑的答案是无风险利率（同期政府债券收益率是一个较好的替代利率）与投资于具有较高风险的股票的额外收益率（或权益风险溢价）之和。[8]

等式 2.1

权益成本＝无风险利率＋权益风险溢价

表 2-3　债务和权益的市值占公司总市值的百分比(1997 年至 1999 年的平均值)

	债务(%)	权益(%)
基础材料	33	67
资本品	11	89
周期性消费品		
汽车及其零部件	31	69
零售	29	71
主要消费品		
饮料	25	75
传媒	22	78
食品	28	72
能源	28	72
金融	4	96
健康医疗		
生物技术	5	95
医护管理	25	75
专业医师	18	82
制药	8	92
科技和电信服务		
电脑处理硬件	8	92
主要电信服务	25	75
半导体	5	95
软件	3	97
交通运输	29	71
公用事业	46	54
所有行业的平均值	20	80

资料来源:CSFBEdge 数据库。

　　即便是政府债券也不是完全没有风险的。尽管基本上没有违约风险,然而它们也会面临随利率上升而产生的价值损失。在缺少真正的无风险证券的情况下,我们可以采用长期(10 年)国库券(或具有可比性的主权债务)的收益率来估计无风险利率。

权益风险溢价是权益成本的第二个构成要素。一支股票的权益风险溢价等于市场风险溢价与该股票的系统风险(由 β 系数来表示)的乘积:[9]

等式 2.2

权益风险溢价＝β×市场风险溢价

市场风险溢价是投资者对持有充分分散化股票组合所期望的超过无风险政府债券的额外收益。为了估计市场风险溢价,需要从一个有代表性的市场指数(如标准普尔 500 指数)的预期收益率中减去无风险利率:

等式 2.3

权益风险溢价＝β×(期望市场收益率－无风险利率)

投资者确定市场风险溢价应该基于期望收益率,而不是历史收益率。其原因在于:从上世纪 80 年代初期开始,逐渐增加的利率波动性加大了债券的相对风险,并降低了市场风险溢价。使用 7%—9% 的历史收益率的投资者忽略了市场风险溢价随时间变化的事实。与近期历史数据显示的结果一样,前视法也显示权益风险溢价应该在 3% —5% 的范围之内。[10]

最后一个变量 β 系数,用于度量股票收益对整体市场变动的敏感度。市场组合的 β 系数等于 1.0。β 系数大于 1.0 的股票比市场具有更高的波动率,因此它的权益风险溢价大于市场风险溢价。例如,当市场上升或下降 1% 时,如果一支股票上升或下降 1.2%,那么它的 β 系数就是 1.2。同样地,β 系数大于 0 且小于 1.0 的股票与市场同方向变动,但是其波动幅度没有市场的波动幅度大。你可以从很多地方获取 β 系数,包括布隆博格(Bloomberg)、巴拉(Barra)、美林(Merrill Lynch)、标准普尔(Standard & Poor)和价值线(Value Line)等公司。表 2-4 显示了不同行业的历史平均 β 系数。

表 2-4 不同行业的历史 β 系数(始于 2000 年 10 月)

	β 系数的平均值
基础材料	1.06
资本品	0.80
周期性消费品	
汽车及其零部件	0.98
零售	0.95
主要消费品	
饮料	0.61
传媒	0.90
食品	0.68
能源	0.90
金融	1.17

续表

健康医疗	
生物技术	0.92
医护管理	1.08
专业医师	0.78
科技和电信服务	
电脑处理硬件	1.22
主要电信服务	1.74
半导体	1.39
软件	1.20
交通运输	0.71

资料来源：巴拉公司。

等式 2.4 将所有项目合在一起，并给出权益成本的计算公式。

等式 2.4

权益成本＝无风险利率＋β×(期望市场收益率－无风险利率)

例如，如果我们假定无风险利率是 6％，β 系数是 1.25，期望市场收益率是 10％，则权益成本是：

权益成本＝6％＋1.25×(10％－6％)＝11％

金融机构

本章中，我们推荐使用企业贴现现金流方法来读懂市场预期。这种方法——通过使用自由现金流的估计值确定公司价值,加上现金和其他非经营资产,再减去债务来计算股东价值——对工业企业是非常适用的。

而对于金融服务企业来讲,读懂市场预期的最好方法是采用权益贴现现金流方法。诸如银行、保险公司和经纪公司等金融服务企业在标准普尔 500 指数中大约占 15% 的权重。权益贴现现金流方法是采用权益资本成本贴现股东未来自由现金流的方法。尽管在数学上权益方法等同于企业方法,然而由于金融服务企业利用资产负债表中的负债部分创造价值,因此相对来讲权益方法更简单、直接。

另外,即使同是金融服务企业,对于具有不同业务模式的公司也需要采用不同方法。例如,为了读懂市场对银行的预期,你所采用的模型不同于为了读懂市场对保险公司的预期所采用的模型。

然而,尽管存在这些不同,本书中我们构建的预期投资技术还是能适用于所有的企业。当然,为了读懂嵌入在金融服务企业的股票价格中的市场预期,你需要对模型作些微小调整。

参见 Tom Copeland, Tim Koller, and Jack Murrin, *Valuation: Measuring and Managing the Value of Companies*, 3d ed. (New York: Wiley, 2000), 427-469; 也可参见 Aswath Damodoran, *Investment Valuation* (New York: Wiley, 1996), 219-234。

预 测 期

为了理解预测期的重要性,我们再来看图 2-1。用资本成本贴现的自由现金流决定了未来自由现金流现在的价值。现在，我们来考虑预测期。市场在股票价格中积存了多少年的自由现金流？

我们不同意估价课本中所提倡的将任意5年或10年作为预测期。预测期是指市场预期公司能通过增加投资产生超过资本成本的利润的期间。根据被市场证实的经济理论，产生超额利润的公司会吸引竞争对手，最终使行业利润趋向于资本成本。

分析师在用贴现现金流模型进行估价时，通常会选择一个较短的预测期。如果你认为一个超过2年或3年的预测期带有纯粹的投机味道，那么你便没有领会其要点。市场价格确实反映的是长期现金流预期。事实上，股票市场价格暗示着显示出一个10—15年的市场隐含预测期。

当然，不同行业的市场隐含预测期可能是不同的：例如，在2001年初期，个人计算机硬件行业的市场隐含预测期不到10年，而制药业的市场隐含预测期超过20年。而且，同一行业的市场隐含预测期大致相同，尽管这些预测期会随着时间而改变。第五章中，我们将会详细分析如何估计市场隐含预测期。需要记住的关键要点是，股票市场接受的是长期看法。

从公司价值到股东价值

预测期内自由现金流的现值加上残值等于公司价值。

股东价值等于公司价值加上非经营资产减去债务。

你也许奇怪，为什么我们要在股东价值中加上非经营资产——像额外的现金、可出售的证券及其他日常经营不需要的投资。我们这么做的原因是，它们有价值，而且我们已经将它们产生的现金从自由现金流的计算中剔除。额外的现金是一家公司当前经营所必需的现金之外的现金。公司有时候会留存现金和可出售的证券，以应对行业的低迷时期或者为大规模的收购作准备。非经营资产能够解释公司股票价格中相当大的部分。例如，在2000年11月，美利坚（AMR）公司、苹果计算机（Apple Computer）公司、博士伦（Bausch & Lomb）公司、德尔塔航空（Delta Air Lines）公司、福特（Ford）公司和通用汽车（General Motors）公司的股票价格中有30%—56%可以被它们所拥有的现金和可出售证券解释。[11]一家公司日常经营所需要的现金因行业的不同而存在差异——从稳定型企业（如包装消费品）销售收入的1%到易变业务（如生物技术）销售收入的4%。[12]

最后，我们减去债务的市场价值，从而得出股东价值。债务不仅包括债券，而且还包括优先股、员工股票期权和资金不足的养老金计划。[13]我们扣减优先股价值的原因是，一家公司在向普通股股东支付现金股息之前通常必须先向优先股股东支付股息。我们扣减员工股票期权的原因是，它是构成公司经营成本的重要组成部分，如果不扣减来自于应付而未执行期权的债务价值，就会高估股东价值（关于如何为员工股票期权定价的问题参见第五章）。当预测养老金受益债务的现值大于计划资产时,需要扣减养老金计划债务。由于发起公司最终对资金不足负责,所以你应该扣减资金不足的差额,以确定股东价值。[14]

简 要 示 例

在下面的例子中,为了计算股东价值,我们从经营价值驱动器开始,以股东价值结束。预期投资过程却正好相反:它从市场价值开始,解出价格中隐含的预期。无论从哪一个方向开始,它们的结构都是相同的。

假定去年的销售收入是 1 亿美元,并且你预期在未来 5 年的预测期内价值驱动因素不变:

销售收入增长率	12％
经营利润率	10％
现金税率	35％
增量固定资本投资比率	10％
增量营运资本投资比率	5％
资本成本	10％

假定公司没有非经营资产或负债。

	第一年	第二年	第三年	第四年	第五年
销售收入	112.00	125.44	140.49	157.35	176.23
经营利润	11.20	12.54	14.05	15.74	17.63
减:经营利润的现金税	3.92	4.39	4.92	5.51	6.17
税后净经营利润	7.28	8.15	9.13	10.23	11.46

					(续表)
增量固定资本投资	1.20	1.34	1.51	1.69	1.89
营运资本投资	0.60	0.67	0.75	0.84	0.94
	1.80	2.02	2.26	2.53	2.83
自由现金流	5.48	6.14	6.87	7.70	8.62
自由现金流的现值	4.98	5.07	5.16	5.26	5.35
累积的自由现金流现值	4.98	10.05	15.22	20.48	**25.83**
残值现值					**90.69**
股东价值					**116.52**

单位:百万美元。

股东价值等于累计的自由现金流现值2 583万美元与残值现值9 069万美元之和。[15]

基本思想

➢ 现金流的数量、时间结构安排和风险决定了债券、房地产和股票等金融资产的市场价值。

➢ 可以通过预测现金流并将它们贴现到现在,来估计股票的价值,即股东价值。

➢ 预期投资者是通过估计股票价格中隐含的未来现金流预期,将之作为决策基准来确定购买、持有或出售股票,而不是通过努力预测长期现金流或者使用不可靠的短期估价替代变量来作出决策。

附录：估计残值

你可以使用永续年金法或考虑通胀的永续年金法来估计残值。后一种方法对大多数公司来说更有效。

永续年金法

永续年金法假定，能获取超过资本成本的利润的公司会吸引竞争者加入到对利润的争夺中，到预测期结束时，新增投资带来的利润将会回落至资本成本。它假定，即使一家公司在预测期结束后可以持续保持增长，公司也只能获得相当于投资的资本成本的利润，因而在预测期结束后不会创造更多价值。为了确定这个动态过程，你可以将所有预测期之后的现金流视为永续年金，即一个无限期的确定现金流。这一处理方式极大地简化了计算，因为我们不需要逐一贴现单个现金流。[16]

为了确定永续年金的现值，可以简单地用收益率去除预期年度现金流：

等式 2.5

$$永续年金的现值 = \frac{年度现金流}{收益率}$$

采用永续年金法,我们通过用税后净经营利润 NOPAT
(或者增量投资前的自由现金流)除以资本成本,来计算永续
年金的残值(在预测期结束时)。

等式 2.6

$$永续年金的残值 = \frac{NOPAT}{资本成本}$$

NOPAT(而不是自由现金流)是正确的永续年金,因为
增量投资支出的现值恰好抵消了增量现金流入的预期现值。
因此,在预测期结束之后我们不需要再考虑这些投资。

由于预测期结束之后的投资不影响价值,其残值计算不
得不只考虑足够的投资以维持现有的生产能力。永续年金
法假定维持现有生产能力的成本近似等于折旧费用。这就
是为什么 NOPAT 是等式 2.6 中分子的原因。

考虑通胀的永续年金法

与永续年金法不一样,考虑通胀的永续年金法假定,在
预测期结束之后永续年金每年都会以通货膨胀率增长。现
值(在预测期结束时)公式是一个永久增长的代数简化式。

等式 2.7

$$考虑通胀的永续年金的残值 = \frac{NOPAT \times (1 + 通胀率)}{资本成本 - 通胀率}$$

这两种方法有什么区别呢?两种方法中,资本成本(分

母中)都包括预期通货膨胀率。然而,永续年金模型的分子——现金流——没有考虑来自于通货膨胀的影响。因此,未来现金流名义上是不变的,但实际上是逐年下降的(即根据通货膨胀而调整)。与之相反,在考虑通胀的永续年金模型中,现金流每年以预期通货膨胀率增长,因此它们实际上是不变的。可以想见,当我们预期有通货膨胀时,考虑通胀的永续年金模型将比永续年金模型得出更高的价值估计值。

譬如,假定资本成本是10%,预期通货膨胀率是2%,预测期最后一年的NOPAT是1美元。采用永续年金法(等式2.6)计算的残值等于1美元的NOPAT除以10%的资本成本,结果是10美元。采用考虑通胀的永续年金法(等式2.7),NOPAT将因通货膨胀的存在而增长到1.02美元。用1.02美元除以8%(资本成本10%减去预期通胀率2%),得出残值为12.75美元。[17]

对于你来讲,哪一个模型是正确的?如果你预期一家公司在预测期之后现金流增长与通胀率增长保持同步,那么你应该选择考虑通胀的永续年金模型。对于那些在具有引人注目的长期增长前景的行业中定位准确的公司,这种方法是最有效的。

第三章 预期基础结构

预期投资基于两个简单的思想：首先，你能够解读股票价格，进而估计价格中隐含的预期。其次，只有你正确地预见到这些预期所要发生的修正，你才能获得超常收益。

市场使用贴现现金流模型给股票估值，因此我们将使用这个模型解读预期。我们熟知的经营价值驱动器（销售收入增长率、经营利润率和增量投资）都体现了价格中隐含的预期。

但是，现在我们把注意力转到预期修正上。在本章中，我们将解决如下两个基本问题：

1. 我们应该在哪里寻找预期修正？

2. 所有的预期修正都是同等重要的吗？

这两个问题的答案很重要，因为它们是获取超常投资收益的关键。知道现在的预期是一回事，而知道它们将会是什么和它们对股东价值有什么影响则是另外一回事。让我们从回答第一个问题开始。

预期基础结构

经营价值驱动器是开始寻找预期修正的一个合乎逻辑的起点。的确,投资者和管理者通常会围绕每一个价值驱动因素建立一个范围,以检验它们如何影响股东价值。但是,在我们认识到敏感性分析并不能真正捕捉到预期修正的基础之后,我们就不会提倡使用这种方法。

为了明白其中的原因,我们来看一个简单的例子。让我们假设一家公司股票价格中隐含的公司经营利润率预期值是10%。敏感性分析用一个利润率范围(例如9%—11%)取代10%来衡量股东价值所受到的影响。但是,经营利润率假设的任何变化都会产生一个更大的问题:为什么利润率会因当前预期的变化而改变?是由销售收入增长预期的改变引起的,还是因为相对于投资者当前预期而言公司更积极地改变了它的成本结构?因为有很多原因能够引起价值驱动因素的改变,所以我们要了解很多相关内容。

为了理解预期修正,我们必须认识到经营价值驱动器的改变实际上是预期修正的终极效果,而不是其根本原因。这也表明,预见预期修正的合理起始点是决定股东价值的基本模块:销售收入、经营成本和投资。既然这些基本模块能启动预期修正过程,我们就把这些基本模块叫做价值触发器。

重要的是,投资者和管理者要精确地思考和讨论这些术语。

但是,价值触发器太宽泛,以致不能直接与经营价值驱动器联系起来。例如,公司预期销售收入的增长可能影响到经营利润率,也可能不会影响到经营利润率。所以,为了系统地跟踪价值触发器和价值驱动器之间的关系,我们还需要另一套分析工具:价值因素。价值因素包括销量、价格及其结构、经营杠杆、规模经济、成本效率和投资效率。

价值触发器、价值因素和经营价值驱动器构成了预期基础结构(见图3-1)。现在,我们知道从哪里开始寻找预期修正:价值触发器。一旦我们发现了一个潜在的改变,我们就应考虑哪一个价值因素将会起作用。最后,我们能把这些修正转换到价值驱动器之中,并计算它们对股东价值的影响。

基于已为大家接受的微观经济学原理,预期基础结构是一个新的能让投资者精确地分析历史业绩和未来业绩的有效工具。另外,预期基础结构把原因和效果进行分类,为投资者提供了一种简便手段,用来评价对触发器修正有影响的所有因素。华尔街过去广泛使用的工具基本上不能实现这种原因和效果分析。

现在,让我们进入预期基础结构的核心部分,并讨论每一个价值因素。

价值因素 1: 销量

销量、价格和销售收入结构假设的变化会导致销售收入

增长预期的修正。具体来讲，销量体现了对销售数量的预期
修正。销量的变化自然会引起销售收入的变化，可能会影响
经营利润率。由于我们能用另外两个因素（经营杠杆和规模
经济）来反映对利润率的影响，因此这里我们仅需要关注对
销售收入的影响。

价值因素 2: 价格及其结构

销售价格和销售收入结构的变化会影响销售收入增长
率和经营利润率。销售价格的变化意味着公司以不同的价
格销售同样的产品，而销售收入结构的变化反映的是高利润
和低利润产品分布的变化。

以福特汽车公司为例，让我们看看销售收入结构如何显
著地影响公司的经营利润率。尽管福特公司在美国的市场
份额从 1995 年的 25.7% 下降到 1999 年的 23.8%，然而它在
1999 年赚取的利润却远远超过历史上其他汽车制造商的利
润。其主要原因在于销售收入结构的改变：在 1999 年福特
公司多销售了 60 万台高利润率的汽车而少销售了 4.2 万台
低利润率的汽车。虽然福特公司为了刺激需求而降低了其
利润率最高的汽车的价格，但它的经营利润率仍然提高了。[1]

图 3 – 1　预期基础结构

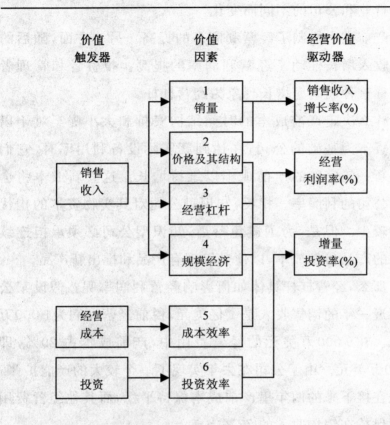

价值因素 3：经营杠杆

在销售产品和服务之前，企业常常要花费大量的资金，我们称这些费用为产前成本。一些企业（如公共事业公司和化学公司）主要将资金用在它们使用的实物设施和设备上，企业通过折旧方式在预计的可用寿命期内消耗这些资产。另外一些企业（包括软件公司和制药公司）直接将资金用于大量的知识开发成本上，而花费在可折旧资产上的资金却不多。产前成本的相对重要性和开发产品和服务需要的时间根据行业和公司的不同而变化。

产前支出抑制了经营利润率的提高。另一方面,随后的销售收入增长推动了经营利润率的提高。投资者和管理者通常称这种利润率增长现象为经营杠杆。

什么决定产前成本的时间结构安排和大小呢?对于以实物资本为基础的公司,在达到其实际设备利用率时,它们需要新一轮完整的产前成本以维持增长。这些新成本将会压缩公司的利润率。相反,知识型公司对其实物资本的担忧相对较少。但是,为了避免落后,知识型公司必须承担连续多轮的产品研发成本,以便升级现有产品和推出新产品。

那么,经营杠杆具体如何影响经营利润率呢?假设某公司最近一年的销售收入是1亿美元,税前经营利润为1 000万美元。在9 000万美元的经营费用中,产前成本占20%,即1 800万美元。由于公司在去年实现了一个较大的产能扩张,因此在接下来的两年里产前成本保持平稳,而其他经营费用继续保持在销售收入的72%。

根据这些假设,我们可以计算出未来两个预测年度的税前经营利润。

	第 0 年	第 1 年	第 2 年
销售收入	100.00	112.00	125.44
产前成本	18.00	18.00	18.00
其他经营成本	72.00	80.64	90.32
总经营成本	90.00	98.64	108.32
经营利润	10.00	13.36	17.12
经营利润率	10.00%	11.93%	13.65%

单位为百万美元

经营杠杆使得公司的税前经营利润率从基年的10％分别增加到第一年的11.93％和第二年的13.65％。

价值因素 4: 规模经济

如果企业能够随着销量的增加以一个较低成本完成其主要经营活动(采购、生产、营销、销售、配送、消费者服务)，则存在规模经济。

例如，像家得宝、通用汽车和麦当劳这样大规模的购买商，它们可以利用其议价能力从供应商那里获得比较低廉的价格。大型公司在广告上也享有规模经济的好处，这是因为较大的数量使得它们不仅能获得较低的议价，而且能吸引更多的潜在消费者。这种规模经济使大型公司与其小竞争者相比更具有成本优势；如果公司足够大，它们就能阻止新竞争者进入市场。

但是，正如亚德里安·斯莱沃斯基(Adrian Slywotzky)和若昂·巴普蒂丝塔(Joao Baptista)警告的那样，简单地追求市场份额和规模不是灵丹妙药。例如，西南航空公司和努克(Nucor)钢铁公司由于开发出了较好的商业模式，因而获得的利润远高于规模大于它们的竞争对手。[2]

同时，销量驱动的公司可能会试图改变那些处于快速的技术更新和消费者需求正在发生转变的行业的市场进程。市场的领导者常常不仅深为官僚主义所苦恼，而且也会因目中无人而深受其害。规模更大并不总是意味着效益更好；即使是更好,也并不是永远都更好。

投资者在赌规模经济长期增长时应该小心应对。如果规模经济是无限的,那么一家或者两家公司将支配每个行业。

规模经济和经营杠杆有什么不同呢?[3]规模经济会随着销量的增加而产生较高的效率,而经营杠杆是产前成本分散在较大销量中的结果。把经营杠杆误认为规模经济也许会使你得出如下错误的结论:如果公司扩大生产规模以满足市场需求,其单位成本将持续下降。

规模经济对预期投资者有多重要?答案并不依赖公司过去规模经济的大小,而依赖于市场的当前预期在多大程度上没有反映看似真实的变化。[4]

价值因素 5: 成本效率

成本效率与规模无关,也能影响经营利润率。这种效率体现于从原材料采购到产品或服务的销售和配送的整个经营活动中。企业可以通过两种基本方式提高成本效率。[5]一是在企业经营活动范围内降低成本,二是对企业经营活动作重大重组。

通用电气公司是通过成本效率方法获益的一个典型例子。它在1996年开始引入众所周知的六西格玛减少误差系统,提高了公司内部所有经营活动的效率。根据公司的统计,该系统的实施使得公司"在1999年获益超过20亿美元,而且在未来10年里还将获得更多收益"[6]。

对采购、生产、销售、营销或配送活动的重组能够显著地改变公司的成本状况。戴尔电脑公司就是个例子。通常来讲，个人电脑制造商主要通过销售商、分销商和零售市场进行销售。戴尔公司认识到，企业和个人消费者都在寻求低价和定制化的电脑。为此，它直接将定制化的电脑卖给消费者，有效地降低了销售压力和销售成本。戴尔公司还开拓了个人电脑装配，用以取代制造。公司可以随时从网络供应商那里购买配件，并进行装配，从而维持事实上的零存货。在消费者更多地通过戴尔网站购买产品的情况下，成本效率的进一步提高得以实现。再次强调，我们关注的焦点不应该是成本节约的大小，而应该是公司超过市场目前预期的成本节约潜力。

价值因素 6：投资效率

在给定销售收入水平和经营利润率的情况下，如果企业所需的投资较少，则说明企业享受了高投资效率带来的好处。[7]例如，麦当劳公司通过开设新店的方法保持公司的持续增长。公司找到了最小化新店投资（对建筑物、土地和设备的投资）的方式。例如，在 1990 年开设一家传统的麦当劳餐厅的平均成本是 160 万美元，而到了 1994 年，麦当劳通过简化建筑设计，使用具有更小土地面积的标准化建筑，把成本降低至 110 万美元，降幅达 30%。另外，公司还将其设备标准化，这使得公司能够在全球范围内采购设备，进而从其主要供应商手中获得较低的价格。

零售业巨头沃尔玛公司则从另一种投资效率（缩短现金周转周期）中获益。在 2000 财年，沃尔玛宣布它的目标是"在我们付款之前售出商品"[8]。当时，沃尔玛在其付款之前大约销售出 63% 的存货。公司预计，到 2003 财年结束之时，公司将实现在向供货商付款之前销售出它的全部存货。像沃尔玛这样的大型公司，这种创新能够降低 30 亿美元以上的营运资本，同时还会减少对未来增量营运资本的需求。

<h2 style="text-align:center">并非所有的预期修正都是
同等重要的</h2>

预期基础结构为揭示影响三个经营价值驱动器的原因提供了详尽的描述。它还解释了为什么我们需要从价值触发器开始，来最大化我们成功预见预期修正的机会。但是，我们仍然必须回答我们先前提出的疑问：所有的预期修正都是同等重要的吗？答案显然是否定的。为了明白其中的原因，我们考虑两个相关的问题：

1. 哪一个预期变化（销售收入、经营成本还是投资）可能给投资者提供最好的机会？

2. 这些变化什么时候能真正产生影响？

第一个问题的答案非常简单：销售收入预期的变化最有可能提供有吸引力的投资机会。为什么？让我们再来看一下预期基础结构（见图 3-1）。注意，六个价值因素中与销售收入触发器有关的有四个。虽然这已经有足够的说服力,但是我们还是要考虑到销售收入增长率通常具有最大的预期修正。由成本和投资效率引起的预期修正几乎总是比较小。但是,即便是价值驱动器变化的幅度也不足以说明所有问题,因为我们最为关注的是对股东价值的影响。

那么销售收入增长预期的变化在什么时候真正起作用呢?这依赖于一家公司是否能创造股东价值,也就是说,一家公司是否能通过增加投资获得超过其资本成本的收益。如果公司获得的收益仅仅等于其资本成本,增加投资不会创造任何价值。同样,如果公司获得的收益低于其资本成本,增加投资反而会损毁价值。增加投资可能是一个好消息,也可能是一个坏消息,或者根本算不上消息。

当增量 NOPAT 的现值超过增量投资的时候,公司的价值增加。而 NOPAT 的增长依赖于预期的销售收入增长率、经营利润率和一个既定的现金税率。因此,对于一个给定的销售收入增长预期的变化,经营利润率决定其对股东价值增加的影响。[9]显然,利润率越高,股东价值增加越多。然而,如果仅仅是维持它的价值,一家公司只需要赚取一个得失相当的经营利润率,我们将该利润率称为临界利润率。[10]

为了解释临界利润率,我们回顾一下第二章中的简要示例。公司上年的销售收入是 1 亿美元,NOPAT 是 650 万美元。让我们假设在一年预测期的情况下市场预期如下:

销售收入增长率	12％
经营利润率	10％
现金税率	35％
增量投资率	15％

公司的资本成本是10％,预期通货膨胀率是2％(见等式2.7)。我们计算出上述假设下股东价值的增加值,结果列于表3-1的"10％的经营利润率"一列中。在最后一列中,我们用9.29％的临界利润率替代10％的经营利润率。[11]结果显示,股东价值的增加值下降为零。

临界利润率的概念提炼出四个能够帮助你决定预期变化何时影响股东价值的指导原则:

1. 如果经营利润率预期高于临界利润率,那么销售收入增长预期的正向修正将会引起股东价值的大幅增加。预期修正越大,价值增加越大。

2. 如果经营利润率预期接近于临界利润率,那么销售收入增长预期的修正将会引起股东价值产生一个相对小的变化,除非该预期修正还会引起销售收入结构、经营杠杆或规模经济产生显著的预期修正。

3. 如果经营利润率预期显著低于临界利润率,那么销售收入增长预期的正向修正将减少股东价值,除非存在经营利润率或者投资率预期增长产生的抵消作用。

4. 增量投资率预期的上升会引起临界利润率的增加,因而会降低由销售收入增长带来的价值增加。

表 3 - 1　股东价值增加:预期与临界利润率　(单位:百万美元)

		10%的经营 利润率	9.29%的临界 利润率
	第 0 年	第 1 年	第 1 年
销售收入	100.00	112.00	112.00
经营利润	10.00	11.20	10.40
减:经营利润的现金税	3.50	3.92	3.64
NOPAT	6.50	7.28	6.76
减:增量投资		1.80	1.80
自由现金流		5.48	4.96
自由现金流的现值		4.98	4.51
残值的现值	82.88	84.38	78.37
股东价值	82.88	89.36	82.88
股东价值的增加值		**6.48**	**0.00**

　　经营利润率与临界利润率之间的预期差异越大、销售收入增长率越快,销售收入就越有可能成为主导触发器。当销售收入变化引起其他价值因素(价格及其结构、经营杠杆和规模经济)产生变化,这种可能性会增大。

　　成本或投资何时成为主导的价值触发器呢? 对于那些赚取的收益率接近于资本成本且不能从价格及其结构、经营杠杆或规模经济预期变化中获益很多的公司,销售收入预期修正是不显著的。在这种情况下,成本或投资效率的变化将会对股东价值的变化产生较大影响(虽然对股东价值的绝对影响可能很小)。

　　当预期发生变化时,预期基础结构帮助你识别潜在的股东价值增加的来源。与六个价值因素相关联的价值触发器和由价值因素决定的经营价值驱动器是预期投资分析的基础（见本书第五章至第七章）。

在下一章中，也就是第一部分的最后一章，我们将致力于影响基本价值触发器的更大的竞争问题。在下一章的最后一部分，你将了解实施预期投资的所有策略和财务工具。

基 本 思 想

> 为了获取超常收益，你必须提高你正确预见市场预期修正的概率。

> 预期基础结构（源自于决定股东价值的基本价值触发器、价值因素和经营价值驱动器）应该能够帮助你将预期修正的原因和结果具体化。

> 销售收入增长预期的修正是你寻找投资机会的最可能的来源，但是只有当一家公司赚取的利润率超过资本成本时才成立。

第四章 分析竞争策略

竞争策略分析是证券分析的核心。投资者预见到预期修正的最可靠方式就是预测公司竞争态势的变化。这些变化会引起投资者对销售收入、成本或者投资（价值触发器）前景判断的修正，并启动预期投资过程。对于投资者来说，竞争策略分析是预期投资用到的一种基本工具。

竞争策略分析的双重用途

关于竞争策略的研究文献主要集中于为管理活动提供解决方案。但是，投资者也可以利用相同的策略工具进行投资分析，尽管需要以一种不同的方式使用它。

管理的目标是通过投资于高于资本成本的项目来创造价值。事实上，持续性的价值创造是竞争优势的表现。由于一家公司的竞争优势直接依赖于它所使用的策略的质量水平和执行力度,因此竞争策略分析对于计划安排和决策制定就显得至关重要。

投资者玩的却是一种完全不同的游戏。当投资者正确地预见到市场对一家公司的业绩预期作出修正时,他们能够获得超常收益。投资者并不能够从那些价格已经完全反映其未来业绩的股票上获得超常收益率(即使是那些最能创造价值的公司的股票),这也就是为什么优秀的公司并不一定就能拥有优秀的股票的原因。投资者可以将竞争策略分析作为一种预测预期修正的手段。

历 史 分 析

观察一家公司的历史表现能够帮助身为投资者的你了解需要预测什么。一方面,你可以知道哪一个经营价值驱动器是最容易变化的。然后,通过使用预期基础结构和竞争策略分析,你就能够分析这种信息,以便跟踪隐藏在这种易变性后面的推动力。另一方面,历史能够提供一种现实检验。如果市场预期某一具体的经营价值驱动器像它过去一样发挥作用,你就一定有充分的理由相信产生预期修正是有指望的。

预期基础结构和竞争策略分析的有力结合突显了影响经营价值驱动器的经济和战略性因素的重要。例如,通过采用低价销售方式,公司可以将成本节约的好处转让给消费者,用来提升销售数量的增长。所以,即使较低的价格抵消了成本节约的边际收益,降价也是重要的,因为它推动了销售收入的增加。

预期基础结构为估计因果关系提供了一个分析框架,而竞争策略分析超越了评估一家公司竞争环境的那些数字。表4-1展示了一些你在评估历史表现时需要考虑的重要因素(随同经营价值驱动因素和价值因素一起列示)。

表4-1 经营价值驱动因素、价值因素和竞争策略分析

经营价值驱动因素	价值因素	关键问题
销售收入增长	销量	·行业增长 ·市场份额
	价格及其结构	·价格变化 ·结构变化
经营利润率	价格及其结构	·价格变化 ·结构变化
	经营杠杆	·产前成本 ·在投资周期中的位置 ·投资的可分割性
	规模经济	·采购 ·生产 ·分销 ·学习曲线
	成本效率	·流程再造 ·技术 ·外包
增量投资	投资效率	·技术 ·设施重新配置 ·营运资本管理

当然,历史分析的适用程度因公司的不同而有所不同。它的相对重要性很大程度上是由历史数据的可获得性和行业稳定性决定的。总的来说,可获得的历史数据越多,历史分析的重要性就越高。一个长时间序列的历史表现能够让投资者了解过去的行业周期、竞争冲突和管理策略的有效性。

行业稳定性为历史价值驱动因素的可靠性提供了信息。对于稳定的行业,即那些未来与过去极为相像的行业,有关历史表现的记录是极有价值的资料。相反,对于那些快速变化的部门或在全新行业中竞争的公司,考察其过去业绩表现的实践价值则相对有限。

竞争策略框架

你可以通过观察行业吸引力和公司的选择策略来进行竞争策略分析。行业吸引力有两个主要的决定因素:市场特征和行业结构。市场特征包括市场增长率、供求基础(包括客户和厂商两方面)、产品更新率和控制手段。行业结构包括市场份额、进出市场障碍、垂直整合潜力、替代产品威胁、竞争方式和行业赢利能力。

单个公司对行业吸引力产生的影响通常非常小。相反,单个公司的选择策略(针对产品质量、技术、垂直整合、成本地位、服务、定价、品牌识别和分销渠道中心)决定着该公司的业绩表现和竞争地位。一家公司的策略选择及其执行策略的技巧一起决定了该公司创造价值的前景。

我们认为下面四种框架对分析竞争策略特别有用：

框架	策略问题
五力分析	行业分析
价值链分析	活动选择
分裂型技术	创新
信息规则	信息经济

你可能不需要将所有四种框架用于分析每一家公司，其中的两种或是三种通常就足以让你评估预期的潜在变化。我们的目标是为了使你所分析的公司与相关的分析框架相匹配。

五力分析：行业分析

对于竞争策略分析，迈克尔·波特（Michael Porter）的著名的五力分析框架特别有用，它能够帮助我们界定行业结构（见图 4 - 2）。[1]对于构建竞争游戏规则和针对竞争对手选择策略，行业结构是一种重要影响因素。这种分析方法对于大多数行业都是适用的，尤其适用于具有如下三种特征的公司：

➢ **明确的界限。**你可以很容易确定出购买者、供应商和竞争者。

➢ **成熟的和相对可预测的模式。**行业是相对稳定的。

➢ **有形资本取向。**有形资产是价值创造的核心。

图 4 - 1　界定行业吸引力的五力

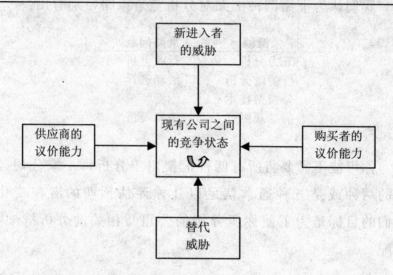

资料来源：引用得到西蒙—舒斯特有限公司（Simon & Schuster, Inc.）下属的自由出版社（The Free Press）的许可，来源于 *Competitive Strategy：Techniques for Analyzing Industries and Competitors* by Michael E. Porter. Copyright © 1980，1998 by The Free Press.

　　波特认为五种力量的共同作用决定了一个行业在价值创造方面的潜能。他强调，虽然这种潜力会因行业的不同而不同，但是单个公司的策略最终决定该公司持续性的竞争优势。让我们逐一分析这五种力量：

> **进入障碍**决定了新竞争者进入一个行业的难易程度。这些障碍可能包括进入一个行业所必需的资本规模、已建立的品牌优势和客户忠诚度、可进入的分销渠道、规模经济性、更换供应商的转换成本，以及政府管制。

> **替代威胁**考虑的是替代产品或服务的存在性，以及潜在购买者转而购买替代产品的可能性。如果公司的产品不具有竞争力，而且相似的产品可以从竞争者那里得到，那么公司就会面临替代威胁。替代产品限定了公司对其产品的定价，它设定了潜在收益的上限。

> **购买者能力**是指一种产品或服务的购买者的议价能力。它是购买者集中度、转换成本、所掌握的信息程度、替代产品和所提供商品对于购买者的重要性的函数。有信息的大买家比无信息的普通买家具有更大的优势与供应商讨价还价。

> **供应商能力**是指供应商对它的客户在诸如价格、质量和服务方面所具有的优势程度。一个行业如果不能够将来自于其强大的供应商的产品价格上涨转嫁给它的客户，那么这种行业注定是没有吸引力的。如果供应商的集中程度比其产品使用行业的集中程度更高，或者它们不会遇到替代产品的麻烦，抑或是它们的产品具有很高的转换成本，那么这些供应商便会处于有利地位。如果供应商服务的行业所需的产品占其总销量的份额很小，或者供应商所销售的产品对于购买者来说至关重要，那么这些供应商在该行业中也会处于有利地位。相对于出售差异化产品的销售者面对分散的购买者而言，出售大宗商品的销售者面对集中采购的购买者处于一个非常不利的地位。

> **公司间的竞争状态**是指公司之间在诸如价格、服务、

质保、新产品引入和广告宣传等方面竞争的激烈程度。激烈的竞争能使得一个行业丧失其对所有参与其中的公司的吸引力。影响竞争状态的因素包括行业增长率、产前成本的相对大小和产品的差异程度。增长型行业倾向于减缓竞争，这是因为竞争者常常更多地关注行业的增长，而不是关注于在零和博弈中占据上风。具有较高产前成本的行业经常表现出激烈的竞争性，这是因为存在驱使公司销售足够多的产品以弥补成本的强烈动机。几乎不存在产品差异的行业中，基于价格和服务的激烈竞争经常发生。

虽然我们在行业水平上进行了五力分析，但是我们最终想要了解的是单个公司的潜在预期修正。进一步来说，五力分析框架描绘了一幅静态的画面。因此，我们必须定期地利用五力分析框架来考察这幅竞争画面是如何变化的。该部门正在整合吗？行业产能发生了什么变化？管理者之间的竞争更多的是理性的还是非理性的？这些问题以及其他类似的问题必须定期地予以考察。

预测竞争者的活动

如果你正在考虑建一座新的造纸厂，你将会以有关经济增长的某些假设为基础作出你的决策……然而，我们似乎从来没有把我们的竞争对手对此的反应考虑进来。还有哪些公司也打算建设厂房或者购置设备呢？

——国际报业公司CFO

你不能孤立地评价一家公司的活动，因为每家公司都会对其他公司的竞争行为作出反应。博弈论是分析行业竞争的一个有用工具，而且特别适用于两种商业行为：定价和周期行业的产能扩张。[a]

联合定价的行业很可能获得较高的行业利润，正如20世纪90年代后期柯达和富士两家公司在胶卷市场中交锋所展示的那样。1997年，富士公司降价并成功地赢得了市场份额。下一年，柯达公司作为回应也降价，并抢回了自己的市场份额。尘埃落定之时，两家公司的市场份额都得以稳定，但是行业价格和利润却出现了下降。认识到这一问题之后，两家公司在1999年采取了一种更加合作、更有利可图的态度。[b]

另一个例证是，在行业周期达到高峰时作出扩大产能的决策。如果一家公司扩大了它的产能，而它的竞争对手没有扩大，那么该公司就会赢得显著的增量利润。如果它放弃了这项投资，而它的对手增加了产能，那么它的竞争对手就将获得增量利润。然而，如果所有的公司都扩大了产能，那么没有公司可以获益，而且下一个周期低谷对于所有参与者都将是痛苦的。因此，对公司经营活动的竞争性反应会对预期修正产生实质性的影响。

[a] Adam M. Brandenburger and Barry J. Nalebuff，*Co-operation*：*1. A Revolutionary Mindset That Combines Competition and Cooperation. 2. The Game Theory Strategy That's Changing the Game of Business*（New York：Doubleday，1996）.

[b] Gibboney Huske，" Eastman Kodak Company：Film Pricing — A Prisoner's Dilemma，" *Credit Suisse First Boston Equity Research*，16 February 1999.

价值链分析：活动选择

迈克尔·波特还推广了价值链分析，该分析方法将一项业务视为"为设计、生产、营销、交付与支持产品所需要完成的一系列活动"[2]。他认为，不能将公司视为一个整体来理解公司的竞争优势，而是必须要分析公司交付产品或服务所需的具体活动。每一项活动都可能增加或降低公司获得和保持竞争优势的能力。

波特证明，可以通过分解公司重要的战略活动来分析该公司相对于同类公司的成本优势地位或产品差异化程度。通过比较同一行业中不同公司之间的价值链，能够帮助你认清决定竞争优势差异的关键点。

价值链分析对于多数业务来说都是有意义的，但是对于那些从事如下两种主要类型的活动的企业尤其重要：

> ➤ **垂直整合活动。**垂直整合型企业涉及将原材料转化为最终产品所必需的所有活动。价值链分析能够帮

助我们识别公司所从事的哪些活动是相对有效率的。这种分析方法特别适用于那些能够大幅改善或者外包其低回报活动的公司。

➤ **易受技术变革影响的活动。**技术变革会引起价值链断裂，并且迫使公司专门从事范围狭窄的一组活动。依赖于一小部分活动来创造其利润的垂直整合型公司会承受来自于这类活动做得较好的专业化公司的竞争风险。

阿德里安·斯莱沃斯基(Adrian Slywotzky)建议从客户开始进行价值链分析，这种分析强调商业领域越来越以客户为中心，而且要求公司能够有比以往更快的反应和更大的灵活性。在他看来，"现代价值链"由五种活动组成：客户优选、销售渠道、产品或服务、投入（原材料）和资产（核心竞争力）（见图 4 - 2）：[3]

➤ **客户的关注重点。**公司必须不断地搞清其客户的需求和关注重点。如果客户的关注重点发生了变化，或者客户群自身发生了变化，那么公司就必须转变其经营活动的重点。例如，克莱·克里斯滕森(Clay Christensen)和马特·韦尔林登(Matt Verlinden)认为，当产品或服务的性能超过了客户需求时，客户就会将它们的关注重点从产品性能转移到更低的价格和交付的灵活性上来。这反过来也将刺激公司将其活动调整到行业价值链中最有价值的活动上来。[4]

➢ **销售渠道。**公司使用配送渠道将其产品或服务交付给它的客户。技术的发展正在使配送方式发生根本性变革。例如,让我们来看看网络是如何影响金融服务业的。美林公司通过其拥有的能够提供全方位服务的股票经纪人队伍向客户引入服务的方式,奠定了其市场主导者的行业地位。由于美林公司将其投资建议和交易能力一起打包提供给客户,因此它索取高额的服务费用。另一方面,嘉信理财公司(Charles Schwab & Co.)将其业务的目标客户定位于仅需要交易能力的有悟性的投资者。嘉信理财公司通过功能强大的新销售渠道(互联网)为客户提供服务,因此相对于提供全方位服务的经纪人而言,嘉信理财公司能以较大折扣定价其服务,从而使得该公司的市场地位得到了显著的提升。

➢ **产品或服务。**公司的目标是通过销售渠道确定并提供最适宜的产品和服务。一种产品或服务的提供应该考虑到客户的关注重点,包括价格和品种两个方面。公司必须要在客户满意和提供产品或服务的成本之间寻求平衡。

➢ **投入(原材料)。**价值链的这一方面包括了对于销售产品或服务来说必不可少的原材料或者投入。供应商管理正在变得日益重要。与供应商的良好关系会创造一个有效的价值链,这将使公司能够将它的力量集中在增加最大价值的经营活动上。

> **资产(核心竞争力)。** 公司对其生产经营活动的选择决定了它所需要的资产(有形的或无形的)和它所必须具有的核心竞争力,即它的集体技能。例如,耐克公司已将营销确定为它的核心竞争力。所以,该公司将其全部努力集中于产品设计和对消费者的营销上,而不是投资在基础生产性资产上。

图 4-2 现代价值链

客户优选 > 销售渠道 > 产品或服务 > 投入(原材料) > 资产(核心竞争力)

资料来源:*The Profit Zone* by Adrian J. Slywotzky and David J. Morrison, Copyright © 1997 by Mercer Management Consulting, Inc. 引用得到兰登书屋有限公司(Random House, Inc.)下属的时报(Time Books)公司的许可。

菲利普·埃文斯(Philip Evans)和托马斯·沃斯特(Thomas Wurster)为价值链分析框架增加了另一个重要方面,他们认为信息连接着一条价值链中的所有步骤:它是连接价值链各个步骤的纽带。埃文斯和沃斯特还强调信息和有形物品的经济特征之间是有区别的。[5]

技术的飞速发展会使信息和有形物品之间出现分离,致使某些业务(尤其是传统业务)容易受到潜在伤害。例如,一个业务基于互联网的零售商能够在网上提供基本信息,而且仍然保有少量的实物存货。所以,当公司将信息和产品分离的时候,就会"解构(deconstruct)"价值链。斯莱沃斯基和他的合作者们将这种分离行为称为"巨型价值链分裂"。[6]

埃文斯和沃斯特引用报纸行业作为解构价值链的主要例子。[7]这一行业面对的风险不是电子报刊,甚至不是主要的互联网接入商提供的新闻定制。解构的威胁来源于分类广告(报纸价值链中最具赢利性的活动)转移到互联网。没有分类广告收入的好处,像内容、印刷和配送等其他一些支撑活动是没有吸引力的。

分裂型技术:创新

还有一种帮助你预见预期变化的有用方法是克莱·克里斯滕森的"分裂型技术"[8]模型。该模型提出了一种主导型公司可能失败的模式,这将会引起预期大幅下降。这种分析框架尤其适于下列类型的公司:

> ➢ **技术发达**。许多处于快速成长期的公司在迎接下一次技术浪潮时都会遇到麻烦。
>
> ➢ **市场领导者**。这些公司遵从客户的需要,而且注重当前的利润。结果,它们经常错过重大的技术转变。
>
> ➢ **组织结构集中**。那些集中制定决策的公司很难发现分裂型技术的出现。

克里斯滕森认为,许多公司都没能成功地保持住自己的领导地位,即便在优秀管理者根据被广泛接受的管理原理制定了英明决策的情况下也是如此。因此,出现了两难的困境。克里斯滕森的分析框架基于以下三个研究结果:

第一，维持型技术和分裂型技术存在着很大的不同。维持型技术有助于产品的改进。它们可能是具体的、非连续的，甚或是激进的。但是维持型技术运行于一个已被界定的价值网络内——一种"公司发现客户的需求并作出应对、解决问题、取得投入、根据竞争对手作出反应并追求利润的环境"[9]。与之正相反，分裂型技术提供给市场一种完全不同的价值主张。以分裂型技术为基础的产品最初只能吸引相对较少的客户，它们只重视诸如低廉的价格、小巧的外观或者更加方便等特征。此外，克里斯滕森发现采用这一技术的产品通常在短期销售不佳。因此，在分裂型技术出现的早期阶段，主导型公司常常会忽略、忽视或者不理会它们，这也就不足为奇了。

第二，技术的发展速度通常会快于市场需求的增长。成熟型公司通常会给客户提供多于它们所需要的或者多于它们最终愿意为其埋单的产品。这会导致分裂型技术的出现，因为虽然这些产品今天可能没有令用户如愿，但明天它们也许会非常具有竞争力。

第三，成熟型公司忽略分裂型技术也许是合理的，因为分裂型技术提供的利润一般较低，在很小或新兴的市场内运行，并不被大多数能够为公司带来利润的客户所接受。因此，那些遵从客户需要和实践传统财务法则的公司倾向于跨过分裂型技术阶段。

当然，公司不应该因此而停止倾听客户的需求。如果停止倾听的话，将会与以客户为中心的价值链原则相矛盾。相反,公司必须既要满足客户现在的需要,还要预见到它们明天的需要。有时,客户自己并不知道它们需要哪一种产品或服务。鉴于分裂型技术也许能够提供应对客户未来需要的解决之道,公司必须不断地在其正在做的工作和未来可能要做的工作之间寻求平衡。因为今天的解决方法也许很快就会过时。正如英特尔公司的安迪·格罗夫(Andy Grove)所说的那样,"唯有偏执狂才能生存下来"[10]。

书刊零售行业是当前正面对分裂型技术的一个例子。[11]在 1997 年 5 月亚马逊公司首次公开发行股票的时候,主要书刊零售商巴诺(Barnes & Noble)和博得(Borders)都正在通过进入大型超级市场来大幅改善其标准的售书业务模式。这些书店都为客户提供了前所未有的便利、低廉的价格、齐全的种类、优质的服务和优雅的环境——重要的维持型技术。相反,亚马逊公司提供了一种完全不同的体验。它在几个重要层面上快速地改善了客户服务,这些层面包括书的种类、价格和便利。在两种经营模式的博弈中,亚马逊公司并没有打败传统的书商,它完全重新定义了这场博弈,并构建了一个新的价值网络。

亚马逊公司的策略也造成了预期的极大调整,继而是公司市值的极大变化。从亚马逊公司首次公开发行股票到2001 年初,亚马逊公司的市值增长了大约 50 亿美元。同一时期,巴诺书店和博得书店的总市值缩水了大约 4 亿美元。

分裂型技术会使投资者降低对某些世界知名公司的预期,这些公司包括数据设备(Digital Equipment)公司、美林公司和 IBM 公司。分裂型技术也帮助创造了一些新的、有价值的商业模式,尽管业务创新和价值创造并不同步。[12] 你应该对新价值网络的产生以及它们所蕴涵的预期变化的苗头保持警觉。

信息规则:信息经济

最后一种竞争策略分析框架是信息规则,它涉及信息产品(如软件、录音音乐和专属网络)的本质和特点。全球经济正从对实物资本的依赖向对智力(或知识)资本的依赖转变。经济学家卡尔·夏皮罗(Carl Shapiro)和哈尔·瓦里安(Hal Varian)明确地宣称,信息规则分析框架适用于一切知识型公司。[13]

在我们继续讨论这个问题之前,让我们先明确一点:经济规律并没有发生变化。夏皮罗和瓦里安令人信服地指出,用来解释信息经济的基本经济原理是经得起考验的。关键在于,以知识为基础的公司具有的特征与以实物资产为基础的公司不同。因此,你必须用不同的方式来对它们进行估价。这些特征主要包括以下几方面:

> **高前期费用、低增量成本**。许多知识型产品在被创造出来的最初阶段,成本都相当高。然而,一旦以数字形式复制并分销它们,其成本就会变得相对低廉。以软件为例,微软耗资 20 亿美元开发了第一张视窗 2000 系统光盘,而复制和分销这张光盘的成本却极低。结果是,微软享受到了"收益递增(increasing

return)"[14]的好处。公司出售的知识型产品每增加一个单位就会分摊一部分固定的前期成本。因此,以知识为基础的公司能够享受到递增的收益,而不是递减的收益。然而,新的创新不断加速的步伐实际上确保了收益的递增是短期的。简言之,知识型产品的高前期费用和低增量成本与技术驱动的需求转变一起能够创造巨大的价值,尽管它们常常是短期的。

> **网络效应**。网络效应是指一种产品或服务的价值随着该产品或服务的使用者的数量增加而增长的现象。例如,在线拍卖公司 eBay 吸引用户的原因是公司能够将数量众多的买入者和卖出者聚集在一起。在某种特殊的类别中,正反馈效应通常能够保证一种网络处于优势地位:eBay 不仅经受住了竞争对手的猛烈冲击,而且还巩固了自己的地位。所以,随着"赢者通吃"市场的发展,易变性会因行业利润转移到优势公司手中而增加。对赢者的预期上升正如对输者的预期下降一样。

> **锁定**。客户一旦拥有某种特定产品的使用技能,或者为某种产品设立了共同标准,它们往往不愿去购买该产品的竞争品,即使竞争产品的性能更优越。这样的话,公司就会锁定客户,使这些客户更愿意购买能够给公司带来高利润的升级产品,而不是从其他渠道购买其他产品。夏皮罗和瓦里安列举了多种锁定形式,包括特定品牌培训和忠诚计划。[15]

信息公司享受这三种优势的同时，常常会制定出某种相关策略。在你给以知识为基础的公司估价的时候，一定要考察它们对下列策略的依赖情况：

> **免费赠送**。尽管知识型产品的前期成本很高，然而一个公司尽快建立大批用户群的能力将增加构建有价值的网络和锁定客户的潜力。因此，在短期内免费赠送产品（或大幅打折）对于一家想要创造长期价值的公司来说通常是最好的办法。

　　免费赠送策略暗含着这样一种观点，即现有用户作为公司未来收入的来源将是非常有价值的，这些未来收入将通过产品升级、辅助产品或者市场营销来实现。其中一个例子是 Hotmail，一种免费的电子邮件服务。Hotmail 公司在 1996 年该网站成立的一个月之内就拥有了 100 万用户；8 个月之后，其用户总数达到了 1 200 万；截至 2000 年夏天，其用户已超过了 4 500 万户。每位用户都填写一份详细的个人简历表，这就有助于 Hotmail 公司建立一个能够吸引广告商的有价值的数据库。随后，Hotmail 公司在它的网站上出售广告。1997 年，微软公司以大约 4 亿美元的价格收购了 Hotmail 公司，该行为证明了 Hotmail 公司的免费赠送策略是正确的。

> **关联和杠杆优势**。你还应该寻求关联与杠杆优势（link-and-leverage），这是经济学家 W. 布赖恩·阿瑟（W. Brian Arthur）使用的术语，用于对建立在一个技

术节点的用户群向另一个毗邻节点转移的描述。一旦客户对某种既定技术或界面习惯的话,关联与杠杆优势就会成为创造价值的有利途径。微软将其产品从操作系统到应用软件、再到互联网接入的推进就是一个例子。关联与杠杆优势强调了实物期权的价值,这个问题我们将在第八章中详述。

> **适应性**。适应性比最优化更有价值。许多成熟的实物型公司都是最优化的追求者——它们不断地优化其业务程序以提升价值。另一方面,知识型公司必须要对下一次"重大事件"保持警觉。由于产品过时很快,公司必须不断地寻找新的机会——往往是冒着牺牲其现有赢利业务的风险。

毋庸置疑,对于知识型业务来说,易变性很大。但是,对知识型业务的主要特点的本质性把握能够促使我们对潜在的预期错配有深入的了解。

预期投资不仅仅是对经营价值驱动器变化的预期。它将预期基础结构与竞争策略分析整合在一起,帮助投资者作出明智的判断,以便找到潜在的可获得利润的预期。

基 本 思 想

> 预见到预期变化的最可靠途径是预测公司竞争态势的转变。

> 管理层和投资者有不同的业绩目标。管理层努力获

得高于资本成本的收益,而投资者想方设法正确地预见到市场预期的变化。

➤ 通过考察哪一种经营价值驱动器在过去变化最大,业绩的历史表现能够为我们提供对潜在价值驱动因素易变性的理解。这种分析提供了对预期变化范围的现实性检验。

➤ 有四种竞争策略模式能够帮助投资者更好地预见预期变化:五力分析、价值链分析、分裂型技术和信息规则。

➤ 虽然经济规律从未发生变化,但是知识型公司的特征不同于实物型公司的特征。

第二部分 实施过程

第五章　如何估计价格中隐含的预期？

作为一位投资者，为了获得超常投资收益，你必须要正确地预见到股票市场的预期修正。但是，在考虑预期修正的可能性和幅度之前，你需要清楚地了解今天的预期的状况。

如果你问一群普通的投资者是否有兴趣了解市场预期，那么你将会听到一声极响亮的"是"。但是，如果你问他们如何读懂市场预期，他们很可能会告诉你，求助于同期的一些统计数据，如短期收益和市盈率。尽管这些数据到处都能找到，然而这些粗略的投资指标不能与股票价值可靠地联系在一起，所以它们根本不能为今天的市场预期描绘出一幅经济上可靠的画面。

为了准确地读懂隐含在股票价格中的预期，你必须以市场的观点考虑问题。长期贴现现金流模型最能够反映股票市场的定价机制。然而，投资者有理由相信，预测远期现金流是非常冒险的。可靠的长期预测很难获得，而且长期预测往往只是反映了作预测的投资者的偏见。正如沃伦·巴菲特所说，"预测常常告诉我们更多的是投资者的想法，而非未来的真实情况"。[1]既然如此，你应该怎么办呢？

　　理想的解决办法应该让你既能保留贴现现金流模型，又能从预测现金流的负担中解脱出来——这正是预期投资要做的事情。预期投资并不预测现金流，而是从当前股票价格开始，使用贴现现金流模型来"读懂"市场价格中包含了哪些关于公司未来业绩的信息。这种对价格中隐含的预期（price-implied expectation，PIE）的估计启动了预期投资过程（见图 5－1）。

图 5－1　预期投资过程

　　让我们这样来考虑：在预测不确定的未来这个问题上，个人很难能够超过整个市场的集体智慧。因此，为什么不直接从相关信息资源中寻找 PIE 的"答案"呢？

　　许多投资者（以及管理者）都会以某种怀疑的眼光来看待股票的价格，他们认为股票价格并不总是能够准确地反映股票的价值。但是，预期投资者则持有完全不同的观点。对于他们来说，股票价格是最好的，也是利用得最少的可得信息源。股票价格（买方和卖方愿意进行交易的价格水平）最能够清晰、可靠地指出在任意给定时间内的市场预期。你只需要知道如何读懂今天的市场，并预见到明天的市场预期可能是什么。

在我们解释如何读懂市场预期之前，还有最后一个需要考虑的问题。我们曾经以教师、证券分析师和投资顾问的身份对许多股票作过预期分析，其结果常常令投资者和公司管理者深感意外。

那些认为市场关注于短期表现的投资者吃惊地发现，事实上市场接受的是长远看法。那些本能地相信市场低估了其股票的公司管理者常常惊愕地发现，市场预期比他们认可的价值具有更大的野心。所以你要准备好：在你读懂 PIE 的最初几次中，其结果可能会令你大吃一惊。

读 懂 预 期

在第二章中，我们证明了自由现金流、资本成本和预测期共同决定了用贴现现金流模型计算出的价值。我们还注意到，预期投资使用相同的计算工具，但将计算过程颠倒过来：它从股票价格（不同于价值）开始，然后估计市场对公司的现金流、资本成本和预测期的预期。

这里，我们就如何读懂预期的问题提出了一些操作性的指南。虽然你可能发现这些指南较为有用，但是你应该清醒地意识到,读懂预期既是一门科学,也是一门艺术。读懂预期的能力会随着经验和行业知识的增加而提高。

最后,你应该在没有任何先入为主的概念的情况下进入预期投资过程的这一步骤。现在你应该努力试着对结果不发表任何意见。

现金流

你可以通过参阅大量的信息资源——价值线投资调查报告、标准普尔报告、华尔街报告(直接或者通过像 Multex.com 提供的服务获得)和其他研究机构的报告——来获得关于经营价值驱动器(即销售收入增长率、经营利润率和增量投资率)的市场一致估计。L. E. K. 咨询公司(一个可以为各种不同公司提供预期分析的公司)能够提供另外一些信息资料:[2]

> 确定销售收入增长、利润和自由现金流的市场一致估计。跟踪市场一致估计的服务公司,如首访公司(First Call Corporation)、机构经纪预测系统国际公司(I/B/E/S International)和扎克斯投资研究公司(Zacks Investment Research),可以帮助你确定预期的一般方向,尽管它们主要关注于公司收益。

> 评价管理层提供给投资者的信息。对于管理层可信度低的公司,市场预期常常低于管理层对外公布的目标。对于管理层可信度高的公司,市场预期通常会超过管理层公布的目标。

> ➤ 评估行业环境,并根据竞争态势考察价值驱动器的预
> 期是否合理。
>
> ➤ 评论价值驱动器的历史表现,并记录过去表现与预期
> 表现之间存在的任何有意义的差异。

资本成本

采用第二章中简单介绍过的方法来估计公司的加权平均资本成本。下面是一些附加指南:[3]

> ➤ Ibbotson. com 是几个提供资本成本估计的服务商之
> 一。
>
> ➤ β系数可从多个渠道获得,这些渠道包括价值线公司、
> 标准普尔公司、巴拉公司和雅虎财经。
>
> ➤ 前向的市场风险溢价估计可以从多个经纪公司和咨
> 询公司获得,如 Alcar.com。

非经营资产和负债

你不必费劲地估计绝大部分的非经营资产或公司负债(如债务或资金不足的养老金),因为它们要么会出现在资产负债表中,要么很容易估计。但是,你必须要处理一种不会出现在公司资产负债表中的债务——员工股票期权(ESOs)。鉴于近期员工股票期权数量出现激增的情况,这种或有负债比以往任何时候都更值得重视。事实上,你会发现,如果没有把过去已经实施和未来计划实施的员工股票期权考虑在内,想准确地捕捉市场预期是非常困难的,尤其是对那些以

知识为导向的年轻公司来讲,更是如此。

你可以分两步来估计员工股票期权对价值的影响程度。第一步,估计已赠与员工的股票期权的价值,并将其视为债务。第二步,估计计划于未来赠与的期权的价值,并将其视为一种费用(由此会降低未来的经营利润率)。本章的附录将向你详细地阐述如何进行分析,并以微软为研究案例进行了具体说明。

市场隐含预测期

最后一个价值决定因素是用于证明股票价格合理所需的自由现金流的年数。我们称该期间为市场隐含预测期。它又被称为"价值增长持续期"和"竞争优势期"[4]。

实践中,市场隐含预测期度量了市场预期公司获得超过资本成本的收益所需要的时间。在预测期之后,模型假设公司投资只能够收回资本成本,结果没有增加任何价值。对于美国股票,市场隐含预测期主要集中在10—15年之间,但是它可以在0—30年之间变化。对于那些在市场中具有优势竞争地位的公司,其市场隐含预测期可长达30年。

你如何估计市场隐含预测期呢?在你已经确定了未来自由现金流和资本成本的市场预期之后,为了得到市场隐含预测期,我们将贴现现金流模型中的预测期延长,直到现金流的现值等于今天的股票价格。例如,如果你必须延长你要贴现的自由现金流(加上残值的价值)12年,才能使得价值等于公司现在的股票价格，那么市场隐含预测期就是 12 年。

盖特威公司案例分析

盖特威（Gateway）公司生产并销售个人电脑系列产品，直接针对企业、个人、政府机构和教育机构。在我们进行分析的 2000 年 4 月，盖特威公司发行在外的总股本共 3.21 亿股，每股交易价格为 52 美元，公司总市值接近 170 亿美元。

现金流

为了估计 52 美元的价格中所隐含的市场预期，我们考察了价值线公司和分析师预测的结果，并向一流分析师作了调查。于是，我们得到了如下的市场一致估计：

销售收入增长率	20.0%
经营利润率	9.0%
现金税率	35.0%
增量固定资本率	11.0%
增量营运资本率	−5.0%

销售收入增长率、经营利润率和现金税率决定了NOPAT。增量固定资本率和增量营运资本率告诉我们，销售收入每增加 1 美元，盖特威公司将多投入0.11美元的固定资本（资本支出减折旧），并导致营运资本减少0.05美元。注

意,这是我们对盖特威公司经营价值驱动器的预期表现的市场看法的最优估计。

资本成本

在我们进行分析的当时,美国无风险的十年期国债的收益率为 5.85%,市场风险溢价的估计值是 3.2%,β 系数是 1.30(根据价值线公司的估计)。由于盖特威公司基本上是 100% 的股权融资,因此它的资本成本等于其股权成本,即 10% 〔5.85%+(3.20%×1.30)=10%〕。

非经营资产和债务

1999 年底,盖特威公司拥有的非经营资产由超额现金和可出售的证券组成,共 13 亿美元左右,约每股 4 美元。盖特威公司的债务几乎全部都是员工股票期权,总计约 7.15 亿美元,约每股 2.25 美元。

市场隐含预测期

下面是我们计算盖特威公司具有七年的市场隐含预测期的过程。从 2000 年开始,我们计算盖特威公司的每年年末股东每股价值(见表 5-1)。然后,我们将预测期延长,直到使现金流的现值等于当前股票价格为止。我们的残值价值采用考虑通胀的永续年金法计算,假定通胀率为 2%。

表 5－1 盖特威公司的市场隐含预测期的计算（单位：百万美元）

项目	1999 年	2000 年	2001 年	2002 年	2003 年	2004 年	2005 年	2006 年
销售收入	8 645.56	10 374.67	12 449.61	14 939.53	17 927.44	21 512.92	25 815.51	30 978.61
经营利润	595.67	933.72	1 120.46	1 344.56	1 613.47	1 936.16	2 323.40	2 788.07
减：经营利润的现金税	208.48	326.80	392.16	470.60	564.71	677.66	813.19	975.83
NOPAT	387.19	606.92	728.30	873.96	1 048.75	1 258.51	1 510.21	1 812.25
增量固定资本投资		190.20	228.24	273.89	328.67	394.40	473.28	567.94
增量营运资本投资		(86.46)	(103.75)	(124.50)	(149.40)	(179.27)	(215.13)	(258.16)
增量投资		103.75	124.50	149.40	179.27	215.13	258.16	309.79
自由现金流		503.17	603.81	724.57	869.48	1 043.38	1 252.05	1 502.46
自由现金流的现值		457.43	499.01	544.38	593.87	647.85	706.75	771.00
自由现金流的累积现值		457.43	956.44	1 500.82	2 094.69	2 742.54	3 449.29	4 220.29
残值的现值		7 034.74	7 674.26	8 371.92	9 133.00	9 963.27	10 869.03	11 857.12
公司价值		7 492.16	8 630.70	9 872.74	11 227.69	12 705.81	14 318.32	16 077.41
加：非经营资产		1 336.37	1 336.37	1 336.37	1 336.37	1 336.37	1 336.37	1 336.37
减：负债及其他债务		(716.26)	(716.26)	(716.26)	(716.26)	(716.26)	(716.26)	(716.26)
股东价值		8 112.28	9 250.81	10 492.85	11 847.80	13 325.93	14 938.43	16 697.52
股东每股价值		25.26	28.80	32.67	36.89	$41.49	46.51	52.00

　　我们估计得出，2000年底盖特威公司股票的每股价值是25.26美元，而且每年都会增长，直到2006年底（第七年）每股价值达到现在的52美元股价。因此，盖特威公司的市场隐含预测期为七年。

为什么要重新进行预期分析？

　　那么，什么时候你应该重新进行PIE分析呢？在股票价格大幅变动或者公司披露重要新信息的时候，你就应该重新进行PIE分析。通常，两种情况会同时发生。

　　例如，当公司经历了股票价格对收益意外产生相对较大的反应时，该公司就应该成为重新进行预期分析的合理候选者。无论是有利的还是不利的，收益意外有时会导致市场的过度反应。

　　让我们来考虑电子数据系统（Electronic Data System，EDS）公司于2000年6月发布的公告。尽管电子数据系统公司期望满足华尔街对其第二季度和全年收益的估计，但是它还是警告投资者，公司第二季度的销售收入增长将会低于市场一致估计。虽然电子数据系统公司将其销售收入增长的减速归因于"临时性疲软"，但是市场反应是迅速的，该公司的股票价格无情地下跌了26％。如果该公司的声明向市场发出了降低公司长期收入和收益的预期，那么其股价急剧下跌是在情理之中的。另一方面，如果收益增长的中断确实是暂时性的，那么较低的股价就意味着存在买入的机会。

重要新信息的例子包括兼并与收购交易、重大股票回购计划和有价值的管理层激励报酬变化。我们将在第十章至第十二章中分别阐述每种公司行动背后的信号含义。

基 本 思 想

➢ 在你考虑预期修正的可能性和幅度之前，你需要清楚地了解今天的预期状况。

➢ 为了正确地读懂预期，你必须以市场的观点考虑问题。预期投资方法能使你在不需要预测长期现金流的情况下获得使用贴现现金流模型的好处。

➢ 你可以使用公共信息资源来估计 PIE。

➢ 在股票价格出现大幅波动或公司披露重要新信息的时候，你应该考虑重新进行预期分析。

附录:员工股票期权与预期投资

在 20 世纪 80 年代初期,公司管理层收入组成中最大的部分是现金。此后,股票期权赠与开始逐渐成为公司高级经理薪酬的主要支付形式。实际上,现在期权对于公司所有员工来说都是一种越来越重要的报酬形式,尤其是在高科技公司中更是如此。2000 年,国家员工股权中心(National Center for Employee Ownership)估计,在美国有 700 万—1 000 万的公司员工有资格得到所在公司的股票期权,这一数字与十年前相比有七倍的增长。我们将在第十二章中更为详尽地介绍员工股票期权方案的激励特征。现在,我们要考察的是股票期权在计算股东价值方面的重要性。

为什么公司要赠与员工股票期权呢?其主要原因是员工为公司创造了大量的未来价值。因此,股东愿意稀释自己的股权,与员工共同享有公司价值的增长。如果得到激励的员工创造出的价值大于股东稀释股权所付出的成本,股东和员工就会实现双赢。

在目前的会计准则下,公司必须在其财务报表的附注中披露员工股票期权的成本。但是,财务会计标准委员会(Financial Accounting Standards Board)不要求公司将员工股票期权的成本从其损益表的收益中扣除。[5]当然,员工股票期权的成本不会因为公司在哪里披露而增加或减少。由于员工股票期权对股东价值有着意义深远的影响，所以无论会计上如何处理，投资者都必须正确地认识它。

对员工股票期权进行估价

忽略员工股票期权的习惯做法是不能被接受的，原因在于它会导致对成本和债务的严重低估。已赠与的员工股票期权是公司的一项实实在在的负债，投资者应将其视为负债；而将来要赠与的期权毋庸置疑地是公司业务经营的成本。

在我们介绍员工股票期权的价值估计方法之前，让我们先看一下影响期权价值的六个基本因素：股票的当前价格、期权的行权价格、股票的价格波动率、期权的有效期限、无风险利率和股息率。

> **股票的当前价格**。支付给员工的报酬是行权当日股票价格与行权价格之间的正差额。行权价格基本上由公司事先确定，行权价格是员工能够买入公司股票的价格，也是期权赠与当日公司股票的市场价格。行权价格在整个期权存续期内都保持固定，存续期通常是 10 年。在员工成为法定的期权享有者之后，员工就可以行使期权，通常是在期权赠与日之后的 3 - 5 年。

> **期权的行权价格**。随着股票价格的上涨，期权价值增

加；随着股票价格的下跌，期权价值也相应地减少。然而，即使股票价格下跌到行权价格之下，期权仍然有一定价值。该价值取决于下面两个因素：波动率和存续期。

> **股票的价格波动率**。波动率（通常用标准差来表示）衡量未来股票价格变化的不确定性。股价波动率越高，期权价值越大，原因在于高股价波动率意味着股票价格涨至行权价格之上的可能性大。

> **期权的存续期**。期权存续期的长短也会影响员工股票期权的价值。存续期限越长，股票价格上涨的机会就越大，因而期权也就越有价值。

> **无风险利率**。短期美国国债的收益率是无风险利率的一个替代变量。如果其他五个因素保持不变，那么无风险利率越高，期权价值越大。

> **股息率**。最后一个影响期权价值的因素是股息率。由于员工股票期权的持有者通常不会得到股息，因此较高的股息意味着公司用于提升股票价格的投资资金较少。所以，股息越高，期权价值越低。

现在让我们将这六个因素综合在一起考虑。假定一个十年期的平价（意思是期权的行权价格等于股票的当前价格）期权具有30％的股价波动率（基本上相当于财富500强的平均值），并有2％的股息率。布赖恩·霍尔（Brian Hall）估计该期权的价值大约是其股价的60％。[6]如果股价波动率上升到70％，并假定没有股息收入（多数初创公司的典型做法），则期权价值会上升到股价的 80％。对于股东而言，高波动率和无股息的组合会使得初创公司的员工股票期权比那些早已成立并支付股息的公司的期权更昂贵。

已赠与期权的估价

我们如何才能将员工股票期权融入到预期投资过程中呢？员工股票期权总价值的第一部分与已赠与期权相关。处理已赠与期权的恰当方法是将其视为债务——为得到股东价值应将其从公司价值中扣除。因为大多数初创公司都采用权益融资方式，员工股票期权（不是债务）是它们的最大负债。但是，与债务不同，员工股票期权负债基本上不出现在资产负债表中。作为替代方法，我们必须使用财务报表的附注中的相关信息来计算它的价值。

员工股票期权与债务的区别还体现在另一个重要方面。相对来讲，估计未偿付债务的负债价值更直接，它仅仅是合同规定的固定现金流（利息支付和本金偿还）的现值。与之相反，员工股票期权不是一种固定的权利主张，而是一种或有权利主张。股票价格走势最终决定员工获得的员工股票期权价值和股东支付的成本。

我们采用以下三个步骤对已赠与期权进行估价。

步骤一：估计已赠与员工股票期权的价值。 在多数情况下，我们建议采用期权定价模型，该模型需要的输入数据由公司财务报表的附注提供。注意，作为投资者，我们关注的是股东为期权支付的成本。[7]公司通常会估计一个比期权合同所规定的存续期短的行权时间,从而获得提前行权的可能性。这样做会适当地低估赠与期权的成本。

为了说明问题,我们对 2000 财年末微软公司的未付期权进行估值。通常,公司会将具有相似特征的几组股票期权一起列举出来。为了简单起见,我们仅对一组微软股票期权进行估值。为了方便,我们使用微软公司的假设来对总数为8.32 亿份未付期权中的 1.66 亿份的一组进行估值(见表 5 - 2)。

表 5 - 2　一组微软公司员工股票期权的估值(2000 财年)

行权价格 范围	加权平均 行权价格	股票价格 (2000.6.30)	存续 期限	无风险 利率	波动率 (σ)	股息率	看涨期权 价值
$83.29— $119.13	$89.91	$80.00	8.6 年	6.2%	33.0%	0.0%	$41.41

采用期权定价模型,计算出具有上述特征的每份期权的价值是 41.41 美元。[8]注意,我们一直使用的是期权合约规定的存续期,而不是它的预期存续期。如果考虑到为应对提前行权的可能性,我们使用 6 年或 7 年的平均预期存续期,那么每份期权的价值大约会降低 10% 到 20%。[9]从这一点来看,简单地用期权数量乘以每份期权的价值也许是合理的。但是,我们必须首先作一些调整。

步骤二:考虑因员工离职而取消期权的情况。大多数公司将员工股票期权作为一种留住员工的工具。与此相一致的是,期权计划一般要求员工在离开公司后立刻执行或放弃其拥有的期权。即将离开公司的员工必须将无价值的和尚未开始行权的期权归还给公司。

微软公司的平均期权等待期(vesting period)大约是 5 年。[10]我们的目标是估计这 1.66 亿份员工股票期权中被员工放弃的百分比。微软公司提供了一份关于期权赠与、执行和取消的详细统计表。从 1996 财年到 2000 财年的数据表明,每年的放弃率大约是 3.6%(见表 5-3)。

表 5-3 微软公司的期权放弃率的估计

时间	期权数量	每年放弃的数量	期权放弃率
1996 年 6 月	932	28	3.0%
1997 年 6 月	954	36	3.8%
1998 年 6 月	925	25	2.7%
1999 年 6 月	830	30	3.6%
2000 年 6 月	799	40	5.0%
		平均	3.6%

假定有一个 10 年的期权平均存续期,那么在我们估值组中的期权大约已经过了 1.4 年(10 年存续期减去 8.6 年的剩余存续期),距离 5 年的等待期还有 3.6 年。利用这些数字,我们可以确定员工可能放弃这组期权的 12% 左右。所以,我们不能指望未来行权的期权有 1.66 亿份,而是假定能够行权的期权数量近似等于 1.46 亿份——这使得员工股票期权负债的价值减少到 60 亿美元(1.46 亿份×41.41 美

元）。[11]

步骤三：考虑税收因素。当员工执行期权时，股票价格与执行价格之间的差额（也就是员工的收益）对于期权发行公司来说是一个税金扣减项。[12] 所以，在对期权进行估值时，我们要扣除税收利益。例如，来自股票期权的税收利益使微软公司在 2000 财年的税单上减少了 55 亿美元。对于目前亏损的公司来说，这些税收利益能够成为有价值的税损结转（tax-loss carry-forwards），因为它们能够用未来的收益弥补现在的税金。

假设微软公司的税率是 35%，估值组的税金扣减是 60 亿美元负债的 35%，也就是 21 亿美元。估值组的税后负债等于税前 60 亿美元减去 21 亿美元的税金，即 39 亿美元。如果我们对微软公司全部 5 组员工股票期权重复这种计算，那么我们得到 2000 财年总预期税后价值大约是 300 亿美元。

未来赠与期权的估价

员工股票期权的第二部分是未来赠与期权的成本。对它的估值依赖于许多因素，包括劳动力市场的动态变化、企业所处的发展阶段和资本市场的表现。但是，其基本原理是很容易理解的：我们将期权成本视为现金报酬的等价物。归根结底，对于任意一个给定的赠与期权来说，存在着一个现金报酬水平，在此水平上员工并不关心得到的是现金报酬还是赠与期权。期权赠与和现金报酬一样，不过是一种做生意的成本。因此，在现金流贴现模型中，我们必须要将未来赠与期权的成本考虑进来。这样的话，预期投资方法就能够捕捉到所有的未来报酬，而不管其采用何种形式。

对于未来赠与期权的估价，有多种方法可供我们选择。一种合乎逻辑的方法是考察过去的赠与期权，我们可以以一名员工为单位，将其表示为销售收入的百分比，或者表示为总成本的百分比。例如，截止到 2000 财年，过去 5 个财年微软公司的历史税后期权成本平均大约是销售收入的 9％（见表 5-4）。然而，2000 财年可能是个例外，因为微软在这一年给予了员工一笔非常大的期权赠与数额，其目的是尽量鼓舞那些处于同司法部的法律纠纷中的员工的士气。除去 2000 财年，年度平均期权成本大约为销售收入的 5％。我们可以用这个历史成本（经过适当地处理期权取消的问题）作为员工股票期权赠与的未来成本的估计值。

表 5-4　微软公司的税后期权成本占销售收入（单位：百万美元）的百分比

财年	收入	税后期权成本	期权成本占销售额的百分比
2000	22 956	6 032	26.3％
1999	19 747	882	4.5％
1998	17 752	882	5.0％
1997	12 959	698	5.4％
1996	9 654	547	5.7％
		平均	9.4％

当然，基于期权方式的报酬对于初创公司来说通常是非常高的，因为这些公司要构建它们的管理团队。所以，短期历史结果的简单外推（正如微软公司的数据所显示的那样）可能使人误入歧途。主要的问题是，我们必须在估计 PIE 时承认未来期权赠与的影响作用。对于这些公司，忽略了员工股票期权的成本会不可避免地导致对市场预期的不完整认识，常常使人误入歧途。

第六章　识别预期机会

我们现在来看预期投资方法的第二个步骤，识别预期机会（见图 6-1）。所有的预期修正并不是同等重要的，某些预期修正必然比其他一些更重要。如果你能关注于重要的方面，你就能更有效地分配时间，从而提高发现较高潜在收益的概率。

图 6-1 预期投资过程

实现这一个目标的最有效方法就是，分离出对股东价值可能有最大影响的价值触发器。我们称这个价值触发器为超强触发器。我们的目标是增加找到预期错配（现在的 PIE 与将来的预期修正之间的重要差异）的概率。

寻找预期机会

有四个模块(两组数据集和两种工具)可以作为识别预期机会的基础(见图 6-2)。两组数据集包括历史业绩数据和 PIE 数据。其中,历史业绩数据用于真实性检验,以考察 PIE 的合理性和你对 PIE 可能作出修正的估计,PIE 数据则囊括了市场对公司未来业绩的预期。

两种工具是指预期基础结构(第三章)和竞争策略分析(第四章)。预期基础结构用于对股东价值的潜在来源进行系统分析,竞争策略分析则为投资者提供了对行业吸引力和公司选择策略的判断。这两种工具能使投资者对市场预期的潜在修正拥有深入的了解。

评估触发器

在寻找预期机会的过程中,有三个步骤是非常重要的。这三个步骤的最终目的就是找出超强触发器,并使你能更好地估计其对股东价值的影响。

第一步:估计销售收入触发器的高点与低点,并计算与其相对应的股东价值。我们之所以从销售收入触发器开始,其原因在于销售收入的变动可能导致股东价值产生显著的变化。从销售收入入手能使你迅速作出决策:是否应该花时间对另外两个价值触发器——经营成本和投资——进行分

图 6-2　识别预期机会

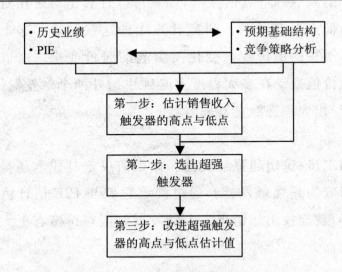

析。由于你只关注真正有关的重要因素,所以我们推荐的这个过程会大大地减少分析工作。

　　为了估计销售收入触发器对股东价值的影响,你需要做以下两件事。第一,估计销售收入增长率的高点和低点情况。第二,估计销售收入增长率如何通过三个价值因素(价格及其结构、经营杠杆和规模经济)影响经营利润率。

　　利用基准数据(历史业绩和 PIE)和分析工具(预期基础结构和竞争策略分析)有助于修正销售收入增长率的高点和低点估计值。对于某些公司来说,影响经营利润率的三个由销售收入触发的价值因素并不足以保证对它们进行细致的分析。在另外一些情况下,价值因素之间是相互抵消的。例如,主导市场的大公司(如沃尔玛和戴尔)通过低廉的价格将规模经济和成本效率的好处转让给它们的消费者。一旦你确定了销售收入触发器是如何影响销售收入增长率和经营利润率的高点和低点估计值，你就可以计算出与之相对应的高点与低点股东价值。研究计算出的这些结果。这个范围描绘了潜在的销售收入变化所引起的股价变化。这也决定了股东价值变动在多大程度上必须由另外两个触发器（成本与投资）作为超强触发器来解释。

第二步:选出超强触发器。你如何决定是成本还是投资有资格成为超强触发器？通过确定它们与 PIE 估计值偏离的大小，就能找出比销售收入触发器对股东价值有更大影响的触发器。

资本成本和市场隐含预测期是多少？

寻找预期机会应该主要着眼于价值触发器以及由此产生的价值驱动器预测，而不是资本成本或者市场隐含预测期。其原因在于：

让我们先来看资本成本。利率变化影响股票价格，是因为它们影响贴现率。通常，是利率变化而不是业绩预期的修正解释股价的波动。然而，出于个股选择目的，依靠利率预测是徒劳之举。利率变动会影响所有的股票，只不过是程度不同而已。如果你对利率变动方向有很强的感觉，你应该调整你的股票、债券和现金组合。

同一行业中不同公司的预测期通常都是非常一致的。

如果一家公司的市场隐含预测期显著地长于或短于其所处行业同类公司的预测期，那么你就应该仔细审查与 PIE 相关的价值驱动器，来确定你是否已经准确地反映了市场的一致估计。假设公司的竞争态势与行业平均水平接近，一个较短的市场隐含预测期可能意味着有一个买入机会，而一个较长的预测期则意味着有一个卖出机会。

一个固定的市场隐含预测期等价于预期的持续变化。例如，假设一家公司的预测期现在为四年，并且一年后保持不变。如果预期确实没有发生变化，一年后市场隐含预测期将会是三年而不是四年。在这种情况下，购买以四年价值创造预期定价的股票的投资者就会获得额外一年的"奖励"——能够带来额外收益的预期正向变动，前提假设是在公司经营价值驱动器中没有相互抵消的预期变化。

假设你要估计一支现在交易价格为 20 美元的股票的 PIE。省略预期基础结构分析，我们得到销售收入增长率的高点与低点估计对应的股东价值分别是 25 美元和 15 美元。利用 PIE 计算出 PIE 估计的经营利润率（仅限于成本效率因素引起的）变化范围，用以建立一个影响股东价值的可比范围。分析计算出的结果，并考察该经营利润率估计范围成为现实的可能性。

假设 PIE 的经营利润率是 10%，为了与销售收入增长率的高点与低点估计值有相同的股东价值影响，经营利润率对应的高点与低点应该是 17% 和 3%。如果你确信经营利润率几乎肯定在 8% 和 12% 之间,则成本触发器就不能成为超强触发器。你可以运用同样的方法来检验增量投资率的变化,以确定投资触发器是否是超强触发器。

如果股东价值既对成本变动非常敏感,也对投资变动非常敏感,以致其中任何一个都可以作为超强触发器,你该如何?在这种情况下,你应该重新查看那个触发器,估计受影响的价值驱动器(经营利润率或增量投资率)的高点与低点,计算相应的高点与低点股东价值。

第三步:改进超强触发器的高点与低点估计值,并计算相应的股东价值。最后,在决定买入、卖出或者持有股票之前,改进你先前对超强触发器变动的估计值。具体来说,你要深入研究与价值的先行指标有关的更深层信息。先行指标是指可以度量的、现已完成的、能够显著地影响超强触发器并进而影响股东价值的指标。先行指标包括客户保持率、新产品的上市时间、适时开设新店的数量、质量改进以及从订货到发货的平均周期等。通常,两到三个关键先行指标基本上能够解释超强触发器的变动。

例如,L. E. K. 咨询公司的托马斯·H. 诺丁(Thomas H. Nodine)分析了家得宝公司的先行指标。[1]家得宝公司的股票价格中超过 70% 的部分取决于未来的销售收入增长。通过对销售收入增长的分析,可以得出两个价值的先行指标——新店增加率和单店收益。如果新店增加率变化 1%,公司价值就会上升或下降 7%。虽然实现新店增加率目标是关键,但公司不可以让新店增加太快以致吞噬掉旧店的销售额。满足新店增加率目标是如此重要，以致开设新店计划耽搁一年将导致家得宝公司价值下降近16％。两个先行指标（新店增加率和单店收益）很大程度上决定了家得宝公司的销售收入增长率以及对股东价值的预期修正。

需要避免的错误

我们偶尔都会落入一些心理陷阱，使得我们无法获得较高的投资回报率。在我们为了降低决策信息需求而采用经验规则或启发式方法的时候，这些陷阱就会出现。尽管启发式方法简化了分析，然而它们也能导致结果出现偏差，从而影响决策的质量。通常，直觉告诉我们一个行动准则：过分谨慎的分析通常不是最好的选择。在你确定潜在的预期修正范围的时候，一定要避免两种常见的错误：过度自信和锚定。让我们进一步分析这些错误。

威尔·罗杰斯（Will Rogers）曾经说过："不是我们不知道的事情使我们犯错，而是我们知道不会让我们犯错的事情使我们犯错。"研究人员发现，人们一向都高估自己的能力、知识和技术，尤其是在自己不熟悉的领域。例如，当证券分析师被要求回答他们不太可能知道的信息（如密歇根湖的总面积是多少平方英里）时，他们选中包含正确答案的范围的概率只有64％。基金经理成功的可能性要更低一些，只有50％。[2]

　　寻找预期机会的三步过程中的第一步是估计销售增长率的高点与低点,此时要注意你有可能会落入过度自信的陷阱。确定范围时的过度自信会使你错误识别超强触发器。一个不切实际的过大的范围会高估销售收入增长变化对股东价值的影响,从而导致你错误地将销售收入识别为超强触发器。如果估计出的范围过小,会产生相反的结果——你会选择另外两个触发器(成本或投资)中的一个作为超强触发器,而实际上此时你应该选择销售收入。在你估计出不恰当的范围和不切实际的过高或过低的股东价值时,你将会得到错误的买入或卖出信号。

　　那么怎样避免过度自信呢? 我们有许多简单而实用的方法:

> 尽量不要高估你的能力——要了解自己。
> 要考虑一个安全边际。
> 质疑你的高点和低点估计。
> 从其他方面寻求反馈。

　　第二个错误是锚定,即过分看重你获得的第一份信息。结果,第一印象、观点、估计或数据"锚定"了你后来的思想。

　　赫什·舍夫林(Hersh Shefrin)提出了一个恰当的例子:在公司收益报告公布之后修正预期的证券分析师。舍夫林认为证券分析师不会准确地修正其对收益的估计以使新信息得到充分反映,原因在于他们被锚定在过去的观点上。因此,正的收益意外会导致更大的正意外,而负的收益意外则会导致更大的负意外。[3]

最常见的锚定对象之一是过去发生的事件或趋势。在考察销售收入增长的高点与低点范围之时，不要将历史结果看得过重而忽视其他更重要的因素，尤其是在你分析正在经历快速变化的公司的时候。股票价格是另一个会让投资者常犯错误的锚定对象。投资者常常会将价格处于交易范围中的低点的股票认为是便宜的股票，而将价格处于交易范围中的高点的股票认为是昂贵的股票。所以，即使公司现在的基本因素前景证明公司价值发生了变化，投资者也很难从记忆中摆脱历史价格的影响。

那么如何避免锚定呢？你可以采取如下的预防措施：

➤ 要认识到过去发生的事件或价格仅仅是标志，而不是答案。

➤ 要从不同的角度来审视你的决策。

➤ 要从不同的渠道获取信息。

盖特威公司案例研究

通过继续分析第五章中提到的盖特威公司的案例，我们能够补充上述分析范围的大部分内容。在第五章中，我们的目标是估计 PIE，所以我们无须深入研究盖特威公司的策略和经营。然而，现在我们要利用一些工具对公司的全景作出更细致的描述。

盖特威公司生产和销售个人电脑系列产品，并为其提供服务。公司把产品直接销售给它的客户,包括小企业、个人和政府机构。公司还提供其他服务(如互联网接入、贷款和培训),以此来加强它的个人电脑业务。2000 年盖特威公司在全球个人电脑市场上拥有大约 5% 的份额。

盖特威公司采用以下三种方式销售它的个人电脑产品:直接通过电话订购,直接通过互联网订购,或者通过盖特威公司国民店(Country store)零售。这种"拨打、点击或进入"的销售策略有效地覆盖了盖特威公司的目标市场。

重要的是,盖特威公司采用的是一种订单生产(build-to-order)的业务模式,这种模式意味着公司在接到客户订单后才会开始为客户装配个人电脑。实际上,一份订单在盖特威公司装配厂的逗留时间通常不会超过一天。甚至零售连锁店也采取这种模式:客户无须带着一台电脑走出商店,而是在店内下了订单后,通过公司配送服务系统在家中收到根据定制组装的电脑。采用这种方式,盖特威公司能够在非常适度的资本需求下经营其业务。另一个行业领导者戴尔公司也采取这种订单生产的业务模式。但是,与盖特威公司不同的是,它主要面向大企业客户而不是个人和小企业客户。与它们相反,像康柏公司和惠普公司这样的公司不采用订单生产的业务模式,因此它们需要有一定的存货,以便通过分销商和零售商来进行营销。

2000 年个人电脑行业的销售额超过了 2 000 亿美元。从历史来看,全球对个人电脑的旺盛需求使销售收入保持了15%—20% 的持续上升速度。[4]其中,行业销售收入的大约

40%在美国。

竞争分析

在考察对盖特威公司股票的预期修正的可能性时,我们要考虑三种策略性框架:五力分析、价值链分析和分裂型技术框架。由于个人电脑行业界限分明,且经营活动也容易区分,所以可以运用五力和价值链进行分析。分裂型技术框架强调的是影响行业的快速技术变化。虽然个人电脑业现在处于景气状态,但它的未来却远没有那么确定。

让我们从分析五力如何影响预期开始。

➤ **进入障碍**。从表面上来看,对于这种基于装配的业务,进入障碍并不会显得特别高。然而,复制市场领导者的品牌优势和经营规模是很困难的。进一步讲,盖特威公司是家庭和小企业市场中的领导者,它已经培育出特定的客户渠道来更好地服务于它的市场。欲抢占盖特威公司市场份额的新进入者的前景看起来并不乐观。这些因素预示着公司的未来经营业绩变化相对较小。

➤ **替代威胁**。对盖特威公司来说,它的替代威胁主要来自于新技术的发展:个人电脑可能会失去它的中心地位。尽管这种威胁可能存在,但是在 2000 年 4 月我们进行本案例分析之时,这种威胁仍然没有成为现实。我们将这一点作为分裂型技术框架的一部分进行详细讨论。

> **购买者能力**。盖特威公司的产品购买者（包括个人和公司）是一个相当分散的群体，就这一点而论，他们都没有突出的议价能力。然而，个人电脑市场是一个价格竞争非常激烈的市场，尤其是在需求疲软时期。盖特威公司具有值得信赖的品牌、低成本优势和订单生产的业务模式，使得它的定价结构能够得以维持。这些因素显示，公司未来业绩变化适中。

> **供应商能力**。虽然盖特威公司与许多供应商进行交易，但其中大约 12 家供应商占据了公司直接材料购买的 80%。不过，供应商能力还没有成为公司的主要威胁，原因在于公司产品的所有组件都有行业标准。因此，尽管公司潜在的产品配置超过 50 万种，盖特威公司仍然能以竞争性价格取得原材料，保持低库存量，并且能够保证所需组件可随时获得。这同样也显示出公司未来业绩变化平缓。

> **竞争者之间的竞争状态**。行业中竞争者之间的竞争状态还没有激烈到足以削弱行业的赢利能力。为了减少过多的存货，盖特威公司的部分竞争对手（包括康柏公司和 IBM 公司）有时大幅削价出售其产品。但是，这些公司主要与大公司进行交易。盖特威公司之所以能够相对安然无恙地度过这些激烈竞争的时期，是因为它的目标市场和经营模式显著不同于这些行业巨头。然而，考虑到竞争对手具有的巨大财力，由它们所导致的潜在变化至少是中等程度的，且有可

能会增强。

接下来，我们考虑一下价值链分析框架中的可变性。[5]我们运用现代价值链作为指导来评估盖特威公司的经营活动（见图 6－3）。盖特威公司的客户主要是个人或小企业，并且它的客户的关注重点主要包括以下几点：

> 导购
> 灵活的配置选择
> 方便且快速的订购和送货
> 完整的硬件、软件和财务解决方案
> 机器的终身技术支持

公司采用三种渠道与客户直接联系：电话（拨打）、互联网（点击）以及零售店（进入）。再者，这三种渠道依赖于订单生产的业务模式。因此，与它的一些竞争对手不同，盖特威公司的确不必在销售前预测产品需求。

盖特威公司的产品包括个人电脑和兼容的外部设备。超过 200 个部件的组合可以提供 60 万种可能的配置。而且，"你的东西"（the Your Ware）计划（该计划是盖特威公司引入的一种产品包计划，它允许客户分期购买带有绑定软件、互联网接入、家庭维护和行业折价换取等一系列服务的个人电脑。——译者注）致力于解决客户对融资、互联网接入和折价物品等的需求。公司将其产品的实际配送外包给联合包裹服务（United Parcel Service）公司。

公司的投入包括行业标准化的组件，以此来最小化库存缺货和确保低廉的直接材料成本。

公司有三种核心竞争力：客户联系（售前、售中和售后）、装配，以及供应商网络控制。

图 6-3　现代价值链

客户关注重点　销售渠道　产品服务　投入、原材料　资产、核心竞争力

资料来源：*The Profit Zone* by Adrian J. Slywotzky and David J. Morrison, Copyright © 1997 by Mercer Management Consulting, Inc. 引用得到兰登书屋有限公司下属的时报公司的许可。

在盖特威公司的价值链活动中一个支配性驱动因素是它的订单生产模式。这种模式使得盖特威公司能够以三种有意义的形式创造股东价值：第一，由于盖特威公司直接与客户联系，并且公司可以控制存货，因此它能够引导客户选择库存的部件和组件，而不是那些短缺的部件和组件。第二，通过与供应商的紧密合作，盖特威公司能够确保组件得到迅速而可靠的补充。第三，这种订单生产模式使实物资本需求最小化，同时降低了投资需求，并降低了产品被淘汰的风险。

所以，虽然盖特威公司的价值链结构不是唯一的（戴尔也用类似方式进行市场营销），但它的价值链活动组合和它的目标市场（个人和小企业）却是与众不同的。这一点使得公司在 20 世纪 90 年代后期赢得了巨大的市场份额。

最后，我们考虑一下分裂型技术带来的风险。一个正在

兴起的行业专攻于网络计算设备,即接入互联网的硬件产品
(通常用无线技术),并且安装网络服务器所必需的软件。如
果网络计算设备行业发展起来,将会冲击个人电脑业,并会
对个人电脑的卖主(包括盖特威公司)产生明显的经营业绩
冲击。当然,盖特威公司及其竞争对手们可能成功地转型。
在任何环境下,分裂型技术的出现都会增加销售收入的变动
性。

历史数据分析

对历史财务数据(如表 6－1)的分析会提供如下关于未
来业绩变动性的一些线索:

> **销售收入增长**在过去五年总体上呈下降趋势,反映出
部门收入增长趋缓,但在一定程度上被强大的市场份
额增长和非系统收益所弥补。与此同时,行业的发货
数量增长率在下降。不过,该行业和盖特威公司销售
数量的增长都远远超过销售收入的增长,其原因是由
于低廉的元器件和强大的竞争压力导致产品的平均
单位销售价格下降。部门持续增长、市场份额增加、
国际化扩张以及“超越机箱”(beyond-the-box,这是盖
特威公司采用的一种策略,其目的在于将个人电脑与
互联网结合,通过提供“超越机箱”以外的增值服务来
创造价值。——译者注)收入的前景反映出公司具有
较大的销售收入增长潜力(同时也有较大的执行风
险),而当前的 PIE 只反映了 20％的增长率。尤其是

"超越机箱"行动(包括软件和外部设备的销售、互联网接入和门户网站收入、贷款、担保和培训)预示着有较大的销售收入增长。1999年,公司总收入中有9%来自于"超越机箱"业务收入。

表6-1　盖特威的历史经营价值驱动因素

	1995年	1996年	1997年	1998年	1999年	五年平均
销售收入增长率	36.1%	37.0%	25.0%	18.7%	15.8%	26.2%
经营利润率	6.8%	7.1%	4.6%	6.6%	6.9%	6.4%
增量固定资本投资率	9.8%	4.1%	18.7%	11.1%	17.4%	12.2%
增量营运资本投资率	14.3%	-10.3%	-5.5%	-35.6%	8.3%	-6.6%

资料来源:盖特威公司。

注:五年平均是采用几何平均计算而得。

> **经营利润率**保持在一个相当窄的范围(6.6%—7.1%)之内——1997年4.6%的糟糕表现除外,因为那时公司遭遇到了存货过剩问题。管理层采用了降低价格和削减存货的应对策略,导致了较低的经营利润率。考虑到公司的增强型存货管理技术和"超越机箱"行动,经营利润率的再次下跌似乎不大可能。盖特威公司的历史经营利润率显示,来自于规模经济和成本效率的好处通过低价销售形式转让给了消费者。由于盖特威公司的产前成本相对较低,经营杠杆不可能成为一个关键的价值因素。

> **投资**。在20世纪90年代中期,随着公司的增长,公

司经营保持了一个适中的营运资本量。然而,到 1999 年,盖特威公司努力实现了一个负的现金周转周期(见表 6 - 2)。现金周转周期等于存货周转天数,加上应收账款周转天数,减去应付账款周转天数。如果公司在付钱给供应商之前就收到销售货款,则它的现金周转周期为负值。因此,随着公司的扩张,公司营运资本成为现金的一种来源。在公司实施紧缩的营运资本管理的情况下,我们预期投资在未来变化不大。

表 6 - 2　盖特威的现金周转周期(1995—1999 年)

	1995 年	1996 年	1997 年	1998 年	1999 年
销售收入周转天数	32	31	27	26	25
存货周转天数	20	22	18	13	10
减:应付账款周转天数	24	29	31	37	43
现金周转周期	28	24	14	2	(8)

资料来源:盖特威公司。

由于盖特威公司并不生产诸如微处理器、磁盘驱动器和图形加速卡等组件,因此公司不必将大量资金投资于固定资本。它必须要做的是建立装配线,而这需要的投资很少。虽然零售店的开设增加它的资本需求,但是盖特威公司的全部投资需求在过去一直相对适中,未来仍可能保持这一趋势。

通过竞争分析和历史数据分析我们可以看出,公司的销售收入增长率最有可能成为超强触发器。不过在我们得出该结论之前,让我们来看看相关数据。

表 6 - 3 列出了第五章中曾经介绍的盖特威公司的 PIE。

这些数字反映了 2000 年 4 月股票价格是 52 美元,以及来自价值线公司和分析师报告的市场一致估计。上述的竞争分析和历史数据回顾为识别预期机会的三个步骤提供了分析背景。

表 6 – 3   盖特威的 PIE——价值驱动器

销售收入增长率	20.0%
经营利润率	9.0%
现金税率	35.0%
增量固定资本率	11.0%
增量营运资本率	−5.0%

我们首先进入第一步,估计销售收入触发器的高点与低点,并计算股东价值。

我们的分析和与一流分析师的讨论显示,在未来七年的预测期内,公司销售收入增长的区间为 6%—28%。下面是具体理由:

➢ **低点**。区间下限为 6% 所依据的假设是:全球个人电脑数量需求增长率缓慢下降到一个适中的个位数,同时假设盖特威公司将继续保持一个比较适中的市场份额,并且假设公司的"超越机箱"行动不会保持过去的强劲增长势头。

➢ **高点**。区间上限 28% 的增长率建立在公司的"超越机箱"业务销售收入强劲增长的基础上,并预期公司在充满活力的消费者与小企业的个人电脑市场中保持一个稳定的市场份额增长。高点增长率也与管理层的目标一致，该目标在 2000 年 2 月提出，预期在 2004 年实现销售收入 300 亿美元。[6]

我们在估计销售收入增长率的范围时考虑的是前两个价值因素——销量和价格及其结构。销售收入触发器还通过经营杠杆和规模经济影响经营利润率，与其通过价格及其结构影响经营利润率一样。

让我们从价格及其结构开始。盖特威公司将重点放在高利润率的"超越机箱"业务，这种业务收入能够改善公司的经营利润率，将其从历史水平提高到 PIE 的预测水平。具体来说，预计到 2006 年"超越机箱"业务的销售收入占公司总收入的比重超过 40%。盖特威公司宣布的长期目标是，通过采用来自于"超越机箱"行动的高利润率弥补个人电脑硬件业务的低价销售的方式，来维持一个稳定的公司总经营利润率。换句话说，较低的个人电脑价格将会抵消来自未来价格结构改善的收益。

如果销售收入增长率处于其范围的下限 6%，则它将会给经营利润率带来比较大的负面影响。较低的行业增长率可能会引起激烈的价格竞争；进而导致销售价格下降的速度大于成本下降的速度。此外，这种价格竞争还会蔓延到"超越机箱"行动，由于价格及其结构的负面影响而使经营利润率降低。

经营杠杆与规模经济看来都不是影响盖特威公司的经营利润率的重要因素。经营杠杆往往对那些具有较大产前成本和不均衡投资支出模式的公司很重要。这两种特征都不是盖特威公司所具有的。此外,尽管随着公司成长,盖特威公司享受到了规模经济带来的收益,然而大多数行业观察人士认为,竞争将会使公司将这些收益的大部分以低价销售的形式转让给消费者。

公司的业务模式、竞争环境和管理策略共同决定了市场一致估计的经营利润率和销售收入增长高点对应的经营利润率波动是有限的。我们假设,盖特威公司在 2000 年改善了销售收入结构,将其经营利润率提高到 9%,此后利润率保持稳定。我们假设销售收入增长率处于低点情形下的经营利润率为 6%,以此反映价格及其结构的负面效果。

现在,我们已经准备好确定销售收入增长率范围对股东价值的影响。下面是相关数据:

		增长率		估计价值(美元)		价值变化	
	PIE	低点	高点	低点	高点	低点	高点
销售收入	20%	6%	28%	18.05	76.35	−65%	47%

这些数据告诉我们,如果我们将盖特威公司销售收入增长率的预期值从 20% 修改为 6%,那么股票价格会下降 65%,从每股 52 美元下降到每股 18.05 美元。另一面,如果将销售收入增长率从 20% 向上调整为 28%,则股票价格将会迅猛上涨 47%,上升到每股 76.35 美元。

识别预期变化的第二步是选择超强触发器。

什么因素使得成本和投资触发器比销售收入对价值的影响更大?为了让成本与销售收入增长率对价值的影响一

样重要,成本效率或无效率将必须使 9⅓% 的 PIE 的经营利润率增加或减少 3 个百分点(即 300 个基点)。考虑到盖特威公司的成本结构,进行大幅预期修正似乎不太可能。所以,我们得出如下结论:经营成本将不会与销售收入同等重要。

增量固定资本投资率需要增长成为原来的四倍或显著为负,其所带来的每股波动才能与销售收入所带来的相等。预期增量营运资本投资率也需要经受极端的修正,才能产生与销售收入相当的影响。再者,业务模式、竞争环境和历史结果都表明,这种结果是不大可能发生的。我们能够自信地得出结论:与销售收入相比,投资是一个不显著的触发器。上述分析确认了销售收入是盖特威公司的超强触发器。

现在分析的重要内容大部分已经完成。但是,我们仍然需要改进我们对销售收入引起股东价值变化的估计。盖特威公司销售收入增长的先行指标是什么?首先,我们需要估计包含在 PIE 中的影响销售增长率的因素。表 6 - 4 显示了盖特威公司基准年销售收入的分类及其三种业务的预期增长率。

目标价格中有什么?

我们正在为……盖特威公司确立一个每股 96 美元的目标价格……基于 40 倍市盈率和 2001 财年每股收益 2.41 美元。[a]

——华尔街分析师

华尔街分析师喜欢提供目标价格,与投资者喜欢看到它们具体化一样。然而,多数分析师通过随意地将假定的市盈率乘以基于会计信息的收益估计来编造目标价格。结果,他们没有提供任何关于理解预期的实质内容。

预期投资方法能使目标价格清楚明白地显示出来吗?绝对可以。下面是如何破译它们的方法。

从理解现在股票价格中的 PIE 开始,然后确定超强触发器。现在你准备上路吧。

使用目标股票价格,确定超强触发器将会如何表现。在盖特威公司的案例中,预期销售收入增长率应该从来自 PIE 的市场一致估计值 20% 上升到能够证明目标价格正确的 33%,其他条件保持不变。分析师肯定惊讶,他们给出的目标价格中暗含有他们所考察公司的未来财务业绩的相关信息。在他们从会计世界中走向 PIE 之前,他们不会知道目标价格中有什么。

[a] Richard Gardner, *Salomon Smith Barney Equity Research*, 14 April 2000.

三个先行指标显得很重要。第一个是消费者个人电脑市场的总增长率。1999 年,消费者个人电脑市场的销售收入占盖特威公司业务收入的 50%。到 2006 年前后,消费者个人电脑行业销售量增长率预期将保持在 14% 左右。[7]然而,由于预期平均销售价格每年将下降 7%,所以分析师预测销售

收入增长率将会是销售量增长率的一半左右。

表6-4 盖特威公司不同业务销售额增长率的 PIE(单位:百万美元)

业务种类		销售收入		复利年增长率
		1999 年	2006 年	
个人消费者	48%	4 150	10 383	14%
小企业	37%	3 200	7 075	12%
"超越机箱"业务及其他	15%	1 295	13 251	40%
总计	100%	8 645	30 979	20%

分析师预测盖特威公司的销售量增长要快于行业增长速度,认为公司将在其相对适中的全球市场中继续保持市场份额增加。如果消费者个人电脑行业销售量增长率快于预测,达到17%,且盖特威公司能够获得预期的市场份额,则公司的销售量增长率将会达到24%。扣除低价销售因素,公司的消费者个人电脑销售收入增长率将会超过市场一致估计,达到17%,引发盖特威公司股票价值增加接近每股3美元。如果预期行业销售量增长率下降到5%,则预示着公司股票价值将会下降大约每股8美元(见表6-5)。

第二个先行指标是小公司市场的增长率。盖特威公司设立的国民店支持了公司向小企业市场和个人消费市场渗透。由于每次购买都要通过订单生产系统,所以国民店同时具有实体零售购物经历(可以触摸并感受真实产品)和直销模式两种特征。因此,国民店提供了没有存货成本的商店的好处。考虑到个人电脑行业的高淘汰率,这个好处是十分巨大的。另外,这些店还为消费者提供培训。

表6-5　盖特威公司的消费者个人电脑销售额增长率情形

	增长率	股价影响	情况
高点	17%	+3美元	·互联网用户基数的扩大 ·电子商务的迅速发展 ·宽带连接的发展
PIE	14%		
低点	5%	-8美元	·信息设备的出现 ·二手个人电脑市场的发展 ·已有市场的饱和

　　分析师预测小企业市场的销售量增长率将会提高到10%,同时盖特威的增长率是市场增长率的不到2倍。硬件设备销售价格的下降意味着销售额增长率低于销售量增长率。一旦市场销售量增长率接近14%,那么在盖特威公司获得它预期的市场份额的情况下,公司的股票价格将会增加接近2美元(见表6-6)。另一方面,如果小企业市场的销售量增长率是2%,在相同的市场份额假设下,公司股票价格将会下降7美元。

　　最后一个先行指标也是最重要的一个因素:盖特威公司"超越机箱"业务(包括贷款选择权、外围设备产品和培训)的收入增长率。1999年秋季,盖特威公司宣布与美国在线公司进行广泛合作。作为合约的一部分,美国在线公司成为盖特威公司的客户事实上的互联网服务提供者,它的服务与由所有盖特威计算机组成的盖特威网站(Gateway.net)并行运行。盖特威公司和美国在线公司共同分享来自订购的利润。美国在线公司也充当盖特威网站的履行中心,完成产品促销、网络服务和内容提供等职能。此外,这项交易还包括发展一个共用的在线软件商店以及联合营销信息设备。[8]

表6-6 盖特威公司的小企业市场销售额增长率情形

	增长率	股价影响	情况
高点	16%	+2美元	·精简裁员和生产力聚集 ·电子商务的迅速发展 ·新业务的迅速形成
PIE	12%		
低点	3%	-7美元	·信息设备的出现 ·二手个人电脑市场的发展 ·已有市场的饱和

如果"超越机箱"业务收入增长率达到55%(其范围的上限),那么盖特威公司的每股价值会增加19美元(见表6-7)。相反,如果增长率只有14%,则相应地每股价值会下降19美元。

管理层提出的宏伟的2004年销售收入目标意味着公司要保持28%的复利年增长率。为了实现这个目标,不仅"超越机箱"业务销售收入增长率要提高到55%,而且消费者个人电脑市场和小企业部门市场也必须达到预期增长率的高点。2000年4月,公司股价52美元加上高点情形下暗含的股价变动(3美元来自于消费者个人电脑业务,2美元来自于小企业个人电脑业务,19美元来自于"超越机箱"业务)的总和等于76美元。

表 6－7　盖特威公司的"超越机箱"业务销售额增长率情形

	增长率	股价影响	情况
高点	55％	＋19 美元	·个人电脑购买者购买服务的高速增长 ·技术转变加速培训的需要 ·超强的战略合作伙伴
PIE	40％		
低点	14％	－19 美元	·信息设备的出现 ·服务市场的激烈竞争 ·个人电脑服务的商品化

　　在2001 年早期,大约是我们进行分析后的一年,盖特威公司的股票价格下跌到 20 美元以下。为什么?公司股票价格急剧下跌的原因是,盖特威公司宣布了远远低于市场预期的 2000 年第四季度的销售收入和收益。令人沮丧的公司公告向人们发出了一个信号:由于超过预期的市场饱和、快速增加的信息设备竞争,以及不断加剧的对经济成长的担心,消费者个人电脑市场将要度过一个长期的低迷时期。

　　在第五章和本章中,我们讨论了预期投资过程的前两个步骤:估计 PIE 和识别预期机会。我们现在准备进入最后一步,即将前两步中得到的信息转化成为买入或卖出决策。这一步将完成预期投资的整个旅程,即从 PIE 到买入(或卖出)决策,这将是下一章的主题。

基 本 思 想

　　➤ 如果你知道哪种预期修正是最重要的,那么你就会提高你发现潜在回报的概率。

➢ 四个模块构成了识别预期机会的基础。历史业绩和 PIE 带给我们数据资料,竞争策略分析和预期基础结构带给我们分析工具。

➢ 识别预期机会包括三个步骤:

第一步:估计销售收入触发器的高点与低点数值,然后计算出相对应的股东价值。

第二步:选择超强触发器。

第三步:改进超强触发器的高点与低点估计值,并计算相应的股东价值。

➢ 在你估计范围时小心行为陷阱。

第七章　买入、卖出还是持有？

现在,我们来看看预期投资过程的第三步,也是最后一步:买入、卖出或持有决策(见图7-1)。在本章中,我们将揭示如何把预期机会转化为投资决策。为了做到这一点,我们把预见到的预期修正转变为股票的期望价值,然后比较股票的期望价值与当前股票价格,从而找出预期错配——买入或卖出的机会。最后,我们给出何时买入、卖出或持有股票的具体指导。

图7-1　预期投资过程

期望价值分析

你已经确定了超强触发器,并且形成了不同于市场一致估计的预期。但是,这不足以作出一个有把握的买入或卖出决策。如果不考虑风险,任何分析都是不完整的。你必须承认市场预期的未来方向具有高度的不确定性。幸运的是,你可以利用期望价值分析来解构这种不确定性,以期得到关于一支股票所具有的相对吸引力的更准确看法。

对于评价不确定的结果,期望价值分析是一种相当有用的方法。期望价值是所有可能结果分布的加权平均价值。当你计算期望价值的时候,把每一种给定结果(这里是指股票价格或股东价值)的收益和这种结果出现的概率相乘,然后把所有计算结果进行加总,就得到期望价值。你可以把它看成是体现了一系列可能结果的价值的一个数字。

那么,你如何确定各种可能结果的收益及其概率呢?你可以利用第六章中提出的过程来估计收益。本质上,你应该单独考虑某一超强触发器,分析各种可能结果的情况下它对经营价值驱动器的影响,计算每种结果相对应的股东价值。

估计高点、低点或市场一致估计值(即 PIE)各种情形下切合实际的概率是一件具有挑战性的事情。投资者通常依靠某种经验法则。经验法则尽管有用,却容易产生偏差。下面是在你估计概率时应避免出现的三种偏差。[1]

> 不要用近期的记忆去估计未来某种结果出现的可能性。较为危险的事情是，你认为近期的或记忆清晰的事件再发生的可能性比它们真实发生的可能性大。例如，一家公司由于过去或暂时的一些因素，公布的季度收益低于市场的一致预期。如果你因此而错误地提高了超强触发器低点预测值的概率，那么你就会冒错过一次投资机会的风险。

> 不要采用看上去相似但实际无关联的结果，去判断某种结果发生的可能性。例如，不要认为影响一家公司的事件一定会同样地影响它的竞争对手。

> 不要从未经检验的假设开始，并且基于该假设给各种结果指定概率。易产生误导的历史先例会影响你的初始假设。想想历史增长率的例子。投资者经常假设过去的增长率会继续，而无视竞争环境所发生的明显变化。

期望价值分析强调两个基本观点：

> 如果价值可变性高（即如果收益的变化范围宽），那么股票可能是有吸引力或是无吸引力的，即使市场一致估计结果出现的概率最大。

> 如果价值可变性低，那么你一定要赌市场一致估计不正确，以期实现超常收益。

让我们从高价值可变性的情形开始。假设一支价格为

42 美元的股票的价值变化范围是：低点价值 10 美元，高点价值 90 美元。让我们假设你给予市场一致估计价值 50％的概率，低点价值和高点价值的概率分别为 15％ 和 35％。这样一个收益和概率分布组合产生的期望价值是每股 54 美元，如表 7-1 所示。股票的期望价值比股票的当前价格 42 美元高出将近 30％。所以，即使市场一致估计价值具有最高的概率是正确的，一个足够宽的价值变化范围也能发出一个有吸引力的买入或卖出的信号。在这种情况下，每股 90 美元的相对高点价值加上相对较高的 35％概率，引发了买入机会。

表 7-1　具有高可变性情形下的期望价值

股票价格（美元）	概率	加权价值（美元）
10	15％	1.50
42（当前）	50％	21.00
90	35％	31.50
期望价值		54.00

现在，我们再来考察低价值可变性的情形，这种情形表示公司具有较为成熟的业务模式，相对容易预测。我们采用与上面相同的概率，但是高点价值不再是 90 美元而是 55 美元，低点价值不再是 10 美元而是 35 美元。在这种情形下，我们看到 45.50 美元的期望价值与 42 美元的当前价格之间相差 8％，这个差异并不足以得出结论（见表 7-2）。因为，其安全边际太小。

表 7-2 具有低可变性情形下的期望价值(市场一致估计的
可能性最大)

股票价格(美元)	概率	加权价值(美元)
35	15%	5.25
42(当前)	50%	21.00
55	35%	19.25
期望价值		45.50

使用表 7-2 中相同的价值变化范围,让我们来看看非市场一致估计的情形——在这种情形下,市场一致估计值不是最有可能出现的情形。表 7-3 显示,高点具有 70% 的概率,低点具有 10% 的概率,而市场一致估计值出现的概率仅为 20%。由于高点价值具有较大的概率,50.40 美元的期望价值明显大于当前的市场价格。因此,我们很容易看出,对于一个具有低价值可变性的公司,市场一致估计值的概率能够引发你作出买入或卖出的决策。在这种情况下,你的买入或卖出决策是赌市场一致估计值不正确。

表 7-3 具有低可变性情形下的期望价值(非市场一致估计)

股票价格(美元)	概率	加权价值(美元)
35	10%	3.50
42(当前)	20%	8.40
55	70%	38.50
期望价值		50.40

盖特威公司案例研究

让我们将上述分析方法用于盖特威公司的案例。在第五章中,我们基于盖特威公司 52 美元的股票价格估计了它的价格隐含预期。第六章中的分析指出,销售收入应作为超强触发器,销售收入增长率估计范围对应的股东价值收益如下:

	增长率			估计价值(美元)		价值变化	
	PIE	低点	高点	低点	高点	低点	高点
销售收入	20%	6%	28%	18.05	76.35	-65%	47%

现在我们来估计三种可能性:(1)最可能出现的情形是市场一致估计;(2)非市场一致估计而且是熊市;(3) 非市场一致估计而且是牛市。

> ➢ **市场一致估计**。我们假设销售增长率达到市场一致估计值的概率是 50%,达到低点值的概率是 20%,达到高点值的可能性是 30%。由此得出的期望价值是 52.25 美元,接近股票的当前价格 52 美元(见表 7-4)。因此,具有较高概率的市场一致估计确实不能产生一个明显的买入或卖出信号。

表 7-4　盖特威公司期望价值计算(市场一致估计)

销售增长率	股票价值(美元)	概率	加权价值(美元)
6%	18.05	20%	3.61
20%	52.00	50%	26.00
28%	76.35	30%	22.91
		100%	52.52

➢ **非市场一致估计而且是熊市**。对于这种情形，我们假设低点值的出现概率是 80％，市场一致估计值和高点值出现的概率分别为 15％ 和 5％。经过这样的修改之后，期望价值下降到每股 26.06 美元，或者说是当前股票价格 52 美元的 50％（见表 7－5）。因此，这支股票显然应该成为卖出的候选股票。

➢ **非市场一致估计而且是牛市**。最后我们要考虑的一种情形是：你估计预期转向销售增长率高点值具有很高的概率。具体来说，达到高点值的概率为 80％，达到市场一致估计值的概率为 15％，达到低点值的概率为 5％，由此可以得出，期望价值为每股 69.78 美元（见表 7－6）。在这种情形下，这支股票成为买入的候选股票。

表 7－5　盖特威公司期望价值计算（非市场一致估计而且是熊市）

销售增长率	股票价值（美元）	概率	加权价值（美元）
6％	18.05	80％	14.44
20％	52.00	15％	7.80
28％	76.35	5％	3.82
		100％	26.06

表 7-6 盖特威公司期望价值计算(非市场一致估计而且是牛市)

销售增长率	股票价值(美元)	概率	加权价值(美元)
6%	18.05	5%	0.90
20%	52.00	15%	7.80
28%	76.35	80%	61.08
		100%	69.78

　　盖特威公司的案例强调了这样一个关键信息:对于具有低价值可变性的公司,非市场一致估计的观点对于买入或卖出决策是非常重要的。然而,随着价值可变性的增加,即使市场一致估计值出现的可能性最大,你也能得到清晰的买入或卖出信号。

　　一支股票的期望价值几乎不可能是静态的。随着收益和概率发生变化,期望价值也会发生变化。为了避免忽略有利可图的预期错配,你应该在重要的新信息到来或股票价格发生较大变化之时及时更新期望价值的计算。

　　一旦你确定了期望价值与股票价格之间的差异,你就可以考虑是否应该买入、卖出或者持有。具体来说,有如下三个问题:

> ➤ 什么时候我应该买入一支股票?
> ➤ 什么时候我应该卖出一支股票?
> ➤ 时间和税收如何影响买卖决策?

买 入 决 策

　　我们首先来讨论买入决策。简单地说，如果你估计的期望价值大于股票价格，你就有一个获得超额收益的潜在机会。[2]然而，有一个超额收益的机会本身并不足以成为一个真正的买入机会的信号。你仍然需要确定这个超额收益是否足够大而值得购买。

　　你的决策取决于两个因素。第一个是股票价格相对于期望价值的折价百分比，或者说它的安全边际。如果股票价格相对于期望价值的折价越大，预期的超额收益就越大，股票的买入吸引力就越大；相反，股票价格相对于期望价值的溢价越高，卖出股票的紧迫性就越高。

　　第二个因素是市场需要多长时间来修正它的预期。股票价格向相对较高的期望价值收敛的速度越快，超额收益就越大；收敛所需的时间越长，超额收益就越小。同样的道理，当期望价值低于股票的当前价格时，股票价格向期望价值收敛的速度越快，卖出股票的紧迫性就越高。

　　表 7-7 显示了各种不同的价格期望价值比与价格向预期收敛所需年数的组合下的超额收益。我们假设你计算出一支股票现在以其期望价值的 80％ 进行交易，进一步假设市场需要两年的时间才能将股票价格调整到你的期望价值。你可以期望获得一个超过资本成本 13％ 的年超额收益率。[3]如果此后预期保持不变，这支股票将不会再产生额外的超额

收益。

表 7-7　在期望价值之下购买股票的超额收益

价格期望价值比	市场调整前的年数				
	1	2	3	4	5
60%	73.3%	32.0%	20.4%	15.0%	11.8%
80%	27.5%	**13.0%**	8.5%	6.3%	5.0%
100%	0.0%	0.0%	0.0%	0.0%	0.0%

假设股权资本成本是 10%。

记住,买入机会并不取决于公司业绩的绝对水平或投资者的预期,而是取决于你的预期相对于 PIE 的大小。如果公司发布的信息刺激投资者将其预期向上修正,那么具有高预期的股票仍然具有吸引力。同样地,如果你相信公司的前景能保证这些预期合理,那么具有低预期的股票就不应该成为一笔交易的对象。

在我们结束买入决策的讨论之前,我们特别提醒你应该避免掉入不断加码的陷阱。投资者往往倾向于作出支持过去决策的选择。过去投入的且无法收回的金钱或时间被经济学家们称为沉没成本。虽然投资者知道沉没成本与现在的决策无关,但是有些人发现很难把这两者分开。

投资者出现这种行为的具体表现是,他们通过在股票价格下跌后买进更多的股票的方式,在一支股票上不断增加他们的投入。投资者不仅不愿意兑现损失,而且还常常买入更多的股票,其原因仅仅是他们过去买了这种股票。以前的投资决策显然只是历史,现在的投资决策需要基于现在的预期，而不是过去的预期。正如沃伦·巴菲特所说，"当你发现自己掉进坑里的时候，你要做的最重要的事情就是不要再继续往下挖"。那些遵照买入相对于期望价值有足够多折扣的股票的推荐建议作出买入决策的投资者，将会避免掉入非理性的不断加码的陷阱。

问题或环境出现的方式也会影响人们的决策。同一问题以不同（客观上相同）形式表现出来会促使人们作出不同的选择。这方面的一个例子是被理查德·塞勒（Richard Thaler）称作精神账户的行为。[4]譬如，假设一位投资者以每股 50 美元的价格购买了一支股票，现在它暴涨到每股 100 美元。很多投资者会把股票的价格分成两个不同的部分：初始投资部分和利润部分。而且，很多人对待每一部分的行为方式不同：对待初始投资很谨慎，而对待利润部分却相对缺乏约束。

这种赌场资金效应（house-money effect）不仅仅出现在个人投资者中。赫什·舍夫林证实，管理圣塔·克拉拉（Santa Clara）大学捐赠基金组合的委员会也受到了这种效应的影响。由于市场表现强劲，捐赠资金在学校校长设定的时间之前就超过了预先设定的绝对水平。结果怎样呢？该大学拿出部分"赌场资金"，在其投资组合中加入 了一些风险较大的投资品种，包括风险资本、对冲基金和私募基金。[5]

卖 出 决 策

你可能选择卖出股票的三个潜在原因是：

1. 股票价格已经达到了它的期望价值,并且你更新的期望价值低于股票价格。这里,有必要给出一个谨慎的提示。投资是一个动态的过程。预期是一个你必须定期重新分析和修正的变动目标。那些仅因为股票价格达到了一个过时的目标价格而卖出股票的投资者可能会丧失巨大的潜在收益。如果你的最新分析显示你不能作进一步的预期修正,那么因股票价格达到它的期望价值而卖出股票才是明智的。

2. 存在更好的投资机会。理想的情形是,主动管理投资组合的投资者会选择持有那些现在最具吸引力的股票。因此,他们忙于不停地寻找那些相对于期望价值以最大折价进行交易的股票。

能够获得比当前组合中的股票更有吸引力的股票是导致卖出股票的第二个原因。这个决策规则不同于第一个规则的原因在于,你不需要推测股票价格已经达到期望价值而卖出它。

基本上,只要你能保持分散化的目标水平,你就应该考虑卖出组合中具有较高的价格期望价值比的股票,并用收益买入具有较低的价格期望价值比率的股票。在下一小节中,我们将揭示税收如何影响你的卖出决策。

3. 你向下修正了你的预期。有时,甚至是周密而细致的分析也会犯错误。另一些时候,未预期到的事件致使你改变了预期——有时可能是很大的改变。如果因为你的预期向下修正而导致了没有吸引力的价格期望价值比关系,那么该股票就应该成为卖出的候选股票。

在卖出股票的时候你也需要避开某些陷阱。例如，无论投资额多么小，人们在有风险的结果之间进行选择的时候都会非常厌恶损失。丹尼尔·卡恩曼（Daniel Kahneman）和阿莫斯·特韦尔斯基（Amos Tversky）发现，损失对人们的影响是收益的 2.5 倍。[6]换句话说，对于相同数额的损失和收益，损失给人们带来的负面情绪大于收益给人们带来的正面情绪。

　　由于投资者不愿意兑现损失，他们往往倾向于过快地卖出赢利的股票，过长时间地持有亏损的股票。所有的投资者，包括那些采用预期投资方法的投资者，都应该尽量避免掉入这种陷阱。

　　在对一家大型折扣经纪公司的 1 万个账户的研究中，特伦斯·奥丁（Terrance Odean）证实了存在厌恶损失的现象。[7]他发现，投资者实际上更乐意兑现他们的收益而不是损失。并且，在接下来的几个月内，投资者选择卖出的赢利的股票的表现继续优于他们选择持有的亏损的股票。从中我们可以看出，如果我们把购买价格作为买入或卖出决策的参考标准，我们会冒作出错误决策的风险。

　　另一个需要避开的陷阱是确认陷阱。投资者经常寻求那些支持他们现有观点的信息，而避开那些与他们观点相悖的信息。这种陷阱不仅影响投资者寻找信息的途径，而且也影响他们对已有信息的理解。在买入股票后，投资者往往会掉入确认陷阱，去寻找那些支持其观点的各种证据，而不考虑或不重视那些否定其观点的信息。

　　我们已经找到了一种对处理预期投资过程中的确认陷

阱特别有用的技术:提出问题,进行分析,向你对某公司或行业所抱有的坚定信念提出挑战。提出反驳的问题,开阔你的思路,接受那些你还没有充分考虑的选择。一个开阔的思路能提高你的决策水平,并最终改善你的投资记录。

税收的影响

正如我们刚刚看到的,投资者卖出股票有三个原因:股票价格已经达到期望价值,存在更好的投资机会,或者向下修正了自己的预期。但是,不管出于何种原因,在卖出股票之前,必须考虑税收的影响。在考虑了税收结果之后,用一支价格低于期望价值的股票来替换正确定价的股票,可能会被证明是一个不明智的决定。[8]

假设你发现一支正在以低于期望价值的价格进行交易的股票,并且以每股 100 美元的价格买入它。一年以后,该股票以它的期望价值每股 125 美元的价格进行交易,这给你带来了超过权益市场收益率(10%)的可观的超额收益(15%)。你是否应该卖出这支股票呢?

这要视情况而定。我们考虑下面两种可能的情形。第一种情形是你继续持有该股票一年,并获得 10% 的权益成本收益率。当然,这种情形下假设预期在第二年是不变的。到第二年年末,股票价格上涨 10%,从每股 125 美元涨到每股137.50 美元。

现在再来考虑第二种情形。假设你卖出了该股票,并把这些钱再投资于另一支股票。那么你在第二年从第二支股票上获得多少收益才能证明这种选择是合理的呢？结果证明，你必须获得15％的收益率（即5％的超额收益率）才能说明你的选择是合理的。这是因为你必须要为你得到的25美元利润缴纳20％的长期资本利得税，也就是5美元。在缴税之后，只剩下120美元能够用于投资在第二支股票上。若想在年底得到与继续持有第一支股票同样的价值137.50美元，120美元的投资就必须要有接近15％的收益率。如果我们把交易费用也考虑进来，所需的必要收益将会更高。在适当地考虑了税收和交易费用之后，有时你继续持有正确定价的股票要比卖出它并买入一支价格稍稍低于其期望价值的新股票更好。

过度自信在股票的过度交易中也起一定作用，股票的过度交易是非常税收无效率的（tax inefficient），会引发较高的交易费用。布拉德·巴伯（Brad Barber）和特伦斯·奥丁研究了来自一家大型折扣经纪公司的超过6万个家庭账户数据。他们发现，那些交易最活跃的前20％的投资者获得5.5％的平均年度净收益率，低于那些交易最不活跃的投资者获得的收益率。[9]过度自信的投资者由于非常频繁的交易会出现很多的错误，并在交易过程中付出不必要的成本。

基 本 思 想

➤ 只要股票的期望价值大于股票的价格，你就有机会获得超额收益。

➤ 超额收益的大小取决于股票交易价格相对于期望价值的折价大小,以及市场修正其预期所需的时间长短。股票价格折价越大,市场修正其预期的时间越短,超额收益就越高。

➤ 作为投资者,你有三个潜在理由卖出股票:股票价格达到其期望价值,存在更好的投资机会,或者你的预期发生了变化。

➤ 在决定卖出股票之前,要考虑税收和交易费用的重要影响。

➤ 在买入或卖出股票之前,当心行为陷阱。

第八章　超越贴现现金流

当你逐步了解预期投资过程的时候,你可能会遇到某些公司,它们的 PIE 远比用行业规范方法获得的预期乐观,同样也比现有业务所能展现出来的预期乐观。在这些例子中,机械地认为预期太过乐观是一个错误。对于那些充满不确定性的公司,股票价格是贴现现金流价值(代表现有业务)和实物期权价值之和。实物期权方法能反映出公司所具有的不确定性增长机会的价值。在本章中,我们将向你展示,如何使用简单的实物期权估价技术来提高你的预期投资能力。[1]我们还将引入一个概念:自反性,即股票价格如何能够影响公司的业务基础。

我们非常确信的一点是,对于大多数企业的预期估计,贴现现金流模型是你所需要的全部。然而,许多投资者已经对该模型在估价中所起到的作用产生了质疑,因为贴现现金流模型不能有效地解释为什么一些亏损的初创公司享有如此大的市价总值。我们的观点是,贴现现金流模型依然如过去一样有价值,只是对于某些公司你需要用实物期权分析作为它的补充。

实物期权分析对于两类公司(初创公司和再造公司)尤为重要。初创公司是那些拥有有限经营记录的公司,大多数是近几年刚上市的公司。例如,大多数初创公司仍然需要投入巨大的资金用来构筑基础设施、建立品牌认同和吸引客户。这些公司中很少有公司能产生有意义的收入流。有赢利的公司则更少。

再造公司存在于快速变化的部门之中,而且在它们现有的组织架构内不断地"初创"新的业务。安然公司就是一个很好的例子。在20世纪90年代,安然公司将自身从一个本土的天然气管道公司变成了一个涉足燃气、电力、自来水和电信宽带的全球交易商。沿着这样的发展道路,它开展了许多新的和具有不确定性的业务。

实 物 期 权

实物期权方法是将金融期权理论应用到了实物投资,譬如制造型工厂、生产线扩张和研究开发等。[2]一份金融期权给予它的拥有者一种以约定价格买入或者卖出某一证券的权利,而不是义务。类似地,进行战略投资的公司有权(而不是义务)选择在将来某一时间利用这些机会。

实物期权有多种形式,主要包括以下几种:

> 如果初始投资项目运作良好,管理层可以行使这种期权来扩张它的投资,将其变为战略投资。例如,一个进入新地域性市场的公司可能要建立一个配送中心,以便在市场需求实际形成之时能够很容易进行业务扩张。

> 一项初始投资能够充当一个平台,用于延伸公司业务范围,使其成为进入相关市场的机会。例如,亚马逊公司为了支持其核心的图书业务,投入大量资金用于发展客户群、培育品牌和构筑信息基础设施,这些投资创造了一个实物期权组合,能够让公司的经营延伸到许多不同的新业务领域。

> 管理层可能开始用一个相对较小的资金进行试验性投资,创造一个在结果不能令人满意的情况下放弃该项目的选择权。研发支出就是一个很好的例子。一个公司在产品开发上的未来投资往往取决于在实验室中达到的特定业绩目标。由于公司能够分阶段进行投资,而不必在前期进行全部投入,所以放弃研究项目的选择权是有价值的。

这些期权中的每一种形式(扩张、延伸或者放弃)都因为它能给公司带来灵活性而具有价值。

正如许多投资者和管理者所了解到的那样,一个净现值为零的项目(即未来现金流的现值等于为获得这些现金流而进行的现期投入)可能仍然有重要价值。灵活性常常是价值的附加来源。

灵活性增加价值有两种途径。第一,管理层能够推迟一项投资。因为货币存在时间价值,晚支付投资成本的管理者的境况要好于早支付者。第二,项目的价值在期权到期之前能够改变。如果价值上升,我们的境况就会好转。如果价值下降,由于我们不必非要投资于该项目,因此我们的境况也不会恶化。

传统估价工具(包括贴现现金流模型)不能对具有或有属性的开发决策进行估价:"如果事情顺利的话,那么我们将增加一些资本。"[3]

战略投资期权的类比

我们能够在扩张和延伸一项业务的实物期权和金融看涨期权之间找到一种很强的类比关系。[4]这种期权类比可以成功地应用于那些具有超越其普通业务范围的成长机会的公司。你应该将"日常业务"增长放在贴现现金流分析中,并用实物期权方法来对那些不同于日常业务的大项目和更具创新性的项目进行估价。

虽然从实物期权到金融看涨期权的类比并不完美,但是它能够为我们提供一些信息。你从实物期权分析中可以了解到:何时公司可能行使期权;什么因素触发公司行使期权;以及在一个增长型期权的价值中,不确定性扮演了什么角色。

图 8-1 列出了估计实物期权价值及相应的金融看涨期权价值时所需要的输入变量。虽然布莱克—斯科尔斯方程

（Black-Scholes equation）是人所共知的金融期权价值估计工具，但是所有的期权估计方法都需要下列五个变量[5]：

1. 项目价值，S：项目的预期自由现金流的现值。

2. 执行期权的成本，X：在 T 时刻执行期权所需要的一次性增量投资。（注意：X 是将来值，S 是现值。）

3. 项目波动率，σ：用来度量项目未来价值的潜在可变性。

4. 期权的生命期，T：是指公司在不失去机会的情况下能够推迟一项投资决策的时间，通常用年作为计量单位。

5. 无风险收益率，r：指短期政府债券的利率。我们不需要估计一个风险调整的贴现率（资本成本）用来计算期权的价值，因为 σ 已经完全反映了项目的风险。

例如，如果业务量持续增长，一家公司可能会在两年之内扩大它的配送系统。这家公司估计在当时新建一个配送中心将需要花费 0.4 亿美元（$X=0.4$），并且基于当前的准确预测，增量自由现金流的现值是 0.3 亿美元（$S=0.3$）。

如果当前的预测被证明是正确的，那么在两年之内管理层进行决策的话，该项目具有负的净现值，这是因为其预期收益（S）小于其成本（X）。即使我们比较成本的现值与收入的现值，仍然是负的净现值。（例如，用 5％的无风险利率计算，成本的现值为 0.363 亿美元，它仍然大于预期收益。）但是，由于未来业务量可能会上升，因此，即使看上去公司不可能使用扩张的选择权，该期权也有价值。如果支出成本 X 不是自由决定的或者不是以未来的某些结果为条件，贴现现金流模型就是一个正确的估价工具。然而,如果管理层有推迟或者拒绝一项投资的灵活性,贴现现金流方法就会低估项目的价值,原因在于它假设管理层将会继续执行损失价值的项目。

图8-1 从投资机会到看涨期权的映射图

投资机会	变量	看涨期权
项目价值	S	当前股票价格
执行期权的成本	X	行权价格
项目波动率	σ	股价波动率
期权生命期	T	期权生命期
无风险收益率	r	无风险收益率

资料来源:引用得到《哈佛商业评论》(*Harvard Business Review*)的授权。来源于"Investment Opportunities as Real Options" by Timothy A. Luehrman, July-August 1998,52。哈佛商学院出版社;版权所有。

在这个例子中,管理层将在两年后作出决策,那时它将再次估计预期收益 S。如果那时 S 大于 X,则公司将决定扩张,因为该项目具有一个正的净现值。如果决策的当时 S 小于 X,则该项目具有一个负的净现值,公司就不会选择扩张。现在,即决策的两年之前,我们需要估计这种推迟或者拒绝投资的灵活性的价值,即我们需要估计实物期权的价值。

让我们继续用这个配送规模扩张的例子来分析在期权价值计算中如何使用五个输入变量。到目前为止，我们已经知道 S 等于 0.3 亿美元，X 等于 0.4 亿美元，T 等于 2 年。假定年波动率是 50％，年无风险收益率是 5％。当我们把这些输入变量代入到诸如布莱克—斯科尔斯期权定价的计算公式中时，我们发现，扩张配送系统的期权价值是 0.064 亿美元。

我们不需要为了明白是什么因素从根本上增加了实物期权的价值，而去了解期权定价模型的复杂机制。当净现值（$S - X$）增加时，期权价值上升；当推迟决策的时间（T）变长时，期权价值上升；或者当波动率（σ）增大时，期权价值上升。

估价实物期权

我们总是能够直接应用布莱克—斯科尔斯公式来计算实物期权的价值。但是，使用一个涵盖输入变量的可能变化范围的备查表将使事情变得更加直观。表 8-1 就是这种表的一个简化版，它是由理查德·布里厄利（Richard Brealey）和斯图尔德·迈尔斯（Steward Myers）提供的。[6]

该表将五个期权输入变量简化为一个简单的两两变量备查表。A 部分列出了一个两年期增长型期权的价值，B 部分列出了一个三年期增长型期权的价值，两者都表示为 S 的百分比。我们使用布莱克—斯科尔斯公式进行多次计算，将表中的每个单元格填满。[7]我们在表中给出了包含低波动率和高波动率行业的不同波动率范围情形下期权的价值。

表8－1　期权价值备查表

A部分：到期时间＝2年

	S/X				
	0.50	**0.75**	**1.00**	**1.25**	**1.50**
年波动率	0.25	0.9％	7.3％	18.6％	30.5％	40.6％
	0.50	10.3	21.2	31.3	39.9	47.1
(σ)	0.75	23.9	34.9	43.4	50.1	55.4
	1.00	37.8	47.5	54.4	59.6	63.7
	1.25	50.7	58.7	64.2	68.2	71.3

B部分：到期时间＝3年

	S/X				
	0.50	**0.75**	**1.00**	**1.25**	**1.50**
年波动率	0.25	2.8％	11.9％	23.8％	35.0％	44.1％
	0.50	17.4	29.0	38.6	46.2	52.4
(σ)	0.75	34.6	44.8	52.3	57.9	62.3
	1.00	50.5	58.7	64.2	68.3	71.4
	1.25	64.0	70.1	74.1	77.0	79.2

期权价值被表示为 S 的百分比；$r=5\%$；欧式期权。

　　在表中各列，我们考虑了不同的 S/X 比率。注意，行权成本 X 发生在决策时刻。为了计算公司的当前成本，我们算出 X 的现值，即 $X/(1+r)^T$。结果显示，如果你以现值为基础考虑 X，则实物期权更加具有价值。（以期权价值占 S 的百分比来度量，它使实物期权价值增加了2至5个百分点。）当然，一个能够使实物期权价值合理的先决条件是，在到期执行时公司手中有资金能行权，或者能够募集到资金来行权。

当 S/X 等于 1 时, 项目在决策时刻的净现值为 0。[8] 当 S/X 大于 1 时, 项目在决策时刻的净现值为正; 当 S/X 小于 1 时, 项目在决策时刻的净现值为负。

决定项目潜在价值 S/X 的关键因素有两个。第一个因素是投资收益率, 是指在公司竞争地位和行业总收益率给定的情况下公司可能获得的收益率。投资收益率越高, S/X 比率越高。另外, 我们还必须考虑竞争对手的期权执行策略。[9] 在许多行业中竞争使得收益率下降, 趋向于资本成本水平 (即 $S/X=1.0$)。第二个因素是过去的实物期权启动投资水平。与其他公司相比, 那些实物期权启动投资较大的公司用一笔很少的增量投资就能够寻求新的投资机会。[10]

另一个决定期权价值的重要因素是波动率, 即 S 的未来价值的波动范围。在表 8-1 的各行中, 我们列举了一组波动率 σ 对应的期权价值的变化范围。例如, 一个看涨期权具有内在的下限保护。潜在价值 S 越高, 则期权的价值就越大。然而, 潜在价值 S 的不断下降并不能不断降低期权的价值, 这是因为一旦 S 足够小, 公司就会放弃行使期权。因此, 较高的波动率导致较高的期权价值。

波动率是一个项目未来价值的内在特征, 但往往很难精确度量。对于股票期权, 相应的输入变量是股票未来收益率的波动率。投资者或者用股票的历史收益数据估计它, 或者用已交易的股票期权来推断它。[11]

一些大型商业项目仅仅是扩张或者延伸当前的业务模

式,所以我们有理由用股票价格波动率作为潜在项目价值波动率的估计值。其他项目会产生与公司当前业务模式显著不同的新业务模式。[12]这里有一句忠告:一定要确认你所估计的波动率符合新业务的价值波动。

为了演示如何使用备查表,让我们再一次计算扩大配送中心的期权价值。原始输入如下:

$S = 0.3$ 亿美元

$X = 0.4$ 亿美元

$\sigma = 50\%$

$T = 2$ 年

$r = 5\%$(年收益率)

在这个例子中,S/X 比率是 0.75。表 8-1 中 **A** 部分显示,扩大配送中心的期权价值是预期收益 S 的 21.2%,即 0.064 亿美元。

备查表还为我们提供了另外几个关于实物期权的直观结果:

> 实物期权的价值随着 S/X 值的增加而增加(从左向右查看此表),随着波动率增加而增加(从上到下查看此表),也随着期权生命期延长而增加(比较表的 **A** 部分与 **B** 部分)。

> 即使 S 远低于 X,实物期权仍然具有价值(查看在 $S/X = 0.50$ 和 $S/X = 0.75$ 时实物期权的价值)。贴现现金流忽略了这种价值,从而低估了内含期权的资产的价值。

> 实物期权的价值是有限的。注意,表中没有一个期权
价值超过标的资产的价值 S。

虽然表 8-1 小而简单,但是它涵盖了一个较大的波动率
和项目价值变化范围。作为一个粗略的量度,我们考虑如下
波动率基准:

> 一般公司的年股票价格波动率在 40%—50%。
> 制药类公司具有较低的年波动率,大约是 25%。
> 高技术股票通常具有 75%—90% 的年波动率。
> 生物科技和网络公司具有较高的年波动率,为 90%—
125%。[13]

我们绘制的表 8-1 仅仅包含了两年期和三年期的期权
价值,这是因为在竞争的产品市场中一个公司能够推迟投资
的时间相对有限。具有较长生命期的期权往往是后续期权,
只有在公司成功地行使了先前的短期实物期权之后才有效。
这些后续期权的价值通常只是短期实物期权价值的一小部
分。

何时在预期投资中使用
实物期权分析?

关于实物期权的文献大部分都集中于公司管理层及其
资产配置决策方面。这里我们关心的问题是,隐含在股票价
格中的预期何时高于行业标准的预期,以及这些预期的部分

何时可能体现出实物期权的价值。我们的目标是利用这种思维来决定是否买入、卖出或者持有某支股票。

第一步要从两个层面上估计公司及其股票的价值。第一个层面是潜在的实物期权价值，它是对一个公司是否可能具有显著的实物期权价值的判断。第二个层面是估算的实物期权价值，或者说是市场基于其表现出的实物期权已经给出的估价。

什么条件下潜在的实物期权价值是显著的？

> 首先，必须具有较高水平的不确定性，或者是结果的波动性。具有较低波动率的行业缺少实物期权价值。例如，咨询业是一个低波动率的行业。由于本质上它们是按小时出卖劳力，因此它们发现很难出现巨大的增长意外。

> 管理团队必须具有战略眼光，能够在一个动态环境中创造、发现、估计和敏锐地把握机会。实物期权的存在并不意味着公司能够赢得它们的价值。速度和灵活性对于将潜在的实物期权转化为现实尤为重要。对于那些具有多层管理结构导致制定决策缓慢的大型公司来说，实物期权决策的成功特别难以实现。

> 公司业务必须能够显示出其市场领导地位。市场领先的业务往往被认为在扩张或者延伸其业务范围的潜在价值创造机会方面具有很好的前景。例如，由于它们所处的市场领导地位，像思科和英特尔这样的公司具有其竞争对手所没有的"专有"增长型期权。市

场领导者还能够强化其实物期权的专有性，以便为自己获取更多的价值。

现在让我们转向市场估算的实物期权价值。对于现有业务来讲，它是当前股票价格与市场公认的贴现现金流价值之间的差额。

度量市场估算的实物期权价值是预期投资方法的一个直接扩展。其实就是在估计现有业务的PIE（第五章）时作了一个明显的改动：不再求解现有业务的市场隐含预测期，而是设定一个预测期。

下面来解释为什么。求解预测期时可能不适当地使用了股票价格（它可能包括实物期权价值）来"读懂"仅反映公司现有业务的预期。因此，对于一家拥有期权的公司来说，市场隐含预测期总是夸大了它"正确的"生命期，有时甚至超过很多年。[14]

权益的市场价值与现有业务的估计价值之间的差额就是潜在的实物期权价值（见图8-2）。

你的挑战在于确定隐含在市场估算的实物期权价值背后的预期是否合理。

现有业务价值与实物期权价值之间的一些含糊不清不会有损于预期投资过程。事实上，它加强了预期投资的能力，原因是预期投资检验了现有业务价值和估算的实物期权价值之和的合理性。由于总的价值总是等于当前的市场价格，因此对现有业务的任何高估或低估都将导致估算的实物期权价值同等数量的下降或增加。

图 8 - 2　估算的实物期权价值

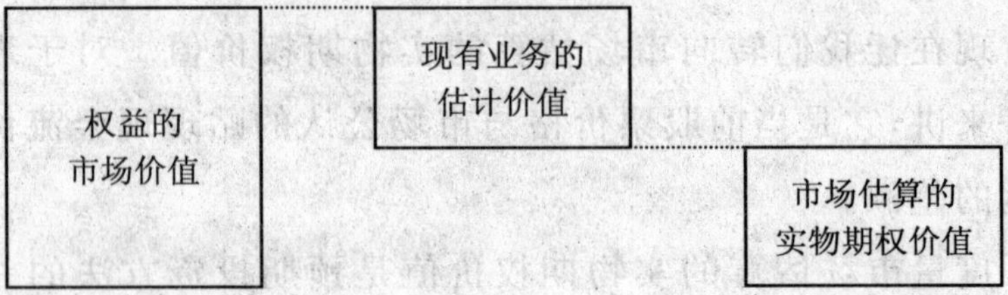

权益的
市场价值

现有业务的
估计价值

市场估算的
实物期权价值

　　我们建立了一个简单的矩阵,用来帮助你分析在预期投资过程中何时需要作实物期权分析(见图 8 - 3)。你能使用该矩阵来确定什么时候潜在的实物期权价值与包含在股票价格中的实物期权价值不匹配。该矩阵分为四个象限:

> 不需要实物期权分析(低潜在、低估算的实物期权价值)。实际上,这种组合适合于大多数已经运行多年的公司。在这种情况下,你需要做的就是采用标准的预期投资过程(第五章至第七章)。

> 买入候选股(高潜在、低估算的实物期权价值)。本质上,你赋予实物期权一个高于市场给定的价值。只要这种差异足够大,这支股票就是一支买入候选股。

> 卖出候选股(低潜在、高估算的实物期权价值)。市场给予实物期权的定价远远超过你的估价。只要这种差距足够大,这支股票就是一支卖出候选股。

> 需要实物期权分析(高潜在的、高估算的实物期权价值)。这一象限说明,更详细的实物期权分析预示着给投资者带来更大的潜在收益。本小节的其余内容

将集中于分析落入这一象限的公司。

你的最终目标是评价项目价值和总投资支出的合理性，以证明估算的实物期权价值正确。换句话说，公司是能否实现股票价格所隐含的潜在价值？为了回答这个问题，你必须确定公司具有的机会和投资中隐含的规模是否与其市场规模、可用资本、管理资源和竞争条件相一致。

图 8-3   潜在的实物期权价值与估算的实物期权价值

从对行业、战略和竞争条件的研究中得出的潜在的实物期权价值

从股票价格估算出的实物期权价值	低	高
低	不需要实物期权分析	买入候选股
高	卖出候选股	需要实物期权分析

亚马逊公司具有的实物期权价值

在实物期权价值方面，亚马逊公司为我们提供了一个具有指导意义的案例。在 2000 年 2 月，亚马逊公司是具有巨大潜在和估算的实物期权价值的典型代表。在我们分析之时，公司股票价格是每股 64 美元,市价总值是 220 亿美元。但是,什么样的现有业务价值与实物期权价值组合能够证明公司的股票价格是正确的呢?

分析实物期权价值的预期投资过程可以分为如下四步:

第一步:估计潜在的实物期权价值。 亚马逊正好是具有显著的潜在的期权价值的公司,理由如下:

> ➤ 公司在具有高度不确定性的 B2C 的电子商务市场中竞争。快速的品类增长、竞争威胁、扩张机会和不断变革的业务模式都是导致这种不确定性的因素。

> ➤ 由公司创始人及执行总裁杰夫•贝索斯(Jeff Bezos)所领导的管理团队已经被证实善于创造、甄别和行使实物期权。例子包括成功地涉足音乐和视频业务。

> ➤ 亚马逊是一个完全的市场领导者,是一个具有潜在的规模经济和范围经济前景的公司。这种领导地位允许它能够方便地与其他行业巨头进行合作,包括微软公司和美国在线公司。

第二步:从股票价格中估计估算的实物期权价值。 利用历史数据,价值线投资调查预测、华尔街分析师研究报告和我们自己对亚马逊公司现有业务前景的估计,我们确定了对公司销售收入增长、经营利润率和增量投资的五年期预测。然后,我们将这些预测延伸了五年以涵盖一个设定的十年预测期。至于公司价值的超强触发器,销售收入成为无可争议的选择。

对于亚马逊公司的现有业务，其销售收入增长率的第一个五年期预测是 48％，第二个五年期预测是 40％。为了实现这一预测，亚马逊公司必须在其各种业务上取得显著的市场份额。而且，贴现现金流模型假定公司能够完成近 8％的税前经营利润率。

在这种预期下，亚马逊公司现有业务值每股 35 美元，不包括员工股票期权的价值。换句话说，投资者能够将公司股票价格 64 美元中的 29 美元视为估算的实物期权价值（见表 8-2）。如果将每股 29 美元的数字转换成总价值，大约是 100 亿美元。[15]

第三步：计算项目价值（S）和投资支出（X）的必要规模。我们假定亚马逊公司的合理 S/X 比率是 0.75，这意味着亚马逊公司执行其策略期权的行权成本大于其增量自由现金流的现值。由于我们假设实物期权将扩大亚马逊公司的现有业务，因此我们采用了大约 100％的股票历史波动率（大约 100％）。最后，我们假定到期期限是两年。利用表 8-1（A 部分），我们看到实物期权的价值大约是 S 的 48％。

表 8-2 亚马逊公司估算的实物期权价值

股票价格（2000 年 2 月 22 日）		64 美元
现有业务价值	53	
－员工股票期权负债	－18	
现有业务的净价值	35	
估算的实物期权价值		29 美元×34.5 亿股＝100 亿美元

我们可以利用这些数据来问两个有趣的问题：潜在的项目价值（S）应该有多大才能支持一个估算值为 100 亿美元的实物期权价值？潜在的实物期权的行权成本（X）应该有多大才能支持一个价值为 100 亿美元的实物期权价值？

我们确定 S 的过程如下：估算的实物期权价值为 100 亿美元。潜在的实物期权价值是 S 的 48%。如果估算的价值等于潜在的价值，那么 S 一定接近 210 亿美元，这表明存在一个 210 亿美元的市场机会。

我们确定 X 的过程如下：估算的实物期权价值是 100 亿美元。在 S 等于 210 亿美元和 S/X 比率等于 0.75 的情况下，要让潜在的实物期权价值等于估算的价值，那么 X 一定等于 280 亿美元。换句话说，投资者在给亚马逊公司股票定价时，就好像相信公司会在下一个两年之中投资 280 亿美元来行使其实物期权。

为了对这些结果进行敏感性分析，我们可以让 S/X 变化。（注意我们并不改变波动率，因为它是亚马逊公司的内在特征。）例如，我们让 S/X 比率等于 1，即让 S 和 X 都等于 180 亿美元。

第四步：评估 S 和 X 的数字结果的合理性。让我们从考虑市场机会（S）的合理性开始。本质上讲，亚马逊公司目前必须具有一个 210 亿美元的市场机会来支持一个 100 亿美元的估算的期权价值（在给定 100% 的年波动率的前提下）。这个市场机会的大小合理吗？

现在让我们来评价 X 的合理性。280 亿美元的投资是巨大的。采用一个宽泛解释,前三年亚马逊的总投资小于 20 亿美元。

S 和 X 的合理性引发了一些关键性问题：

> 其他电子商务市场中哪些对亚马逊公司来说是有利可图的？

> 亚马逊公司能够克服文化和制度障碍成功地扩张到国际市场吗？

> 公司还能提供哪些其他的收费产品？

> 公司应该如何利用其客户数据库？

> 是否有公司真的支出了这么多钱但却获得了与规模较小的投资同样的回报？或者说公司规模的增加是否导致了收益递减？

事后,我们知道估算的实物期权价值的确是太高了。亚马逊公司股票在 2000 年开始走软,到 2001 年初股价跌到每股 15 美元。股价的下跌是对其原有业务预期下降的结果,同时也急速消除了每股 29 美元的实物期权溢价的大部分。[16]这种溢价的缩小表明了一个自我实现的预言。

由于很多像亚马逊公司一样的初创公司几乎全部都依赖股权融资来支持其成长,因此一个令人沮丧的股价不可能使得公司获得资金,来证明实物期权价值合理而进行真正投资。换句话说,较低的股票价格有效地阻止了公司筹集到其所需的资金以行使其期权,因而增大了对其增长型期权的生存能力的怀疑。结果是,亚马逊公司的实物期权最终变得毫无价值。这个分析过程强调了股票价格与业务基础之间的重要反馈循环。

自 反 性

投资者和公司管理者都普遍认为股票价格反映了对公司未来财务业绩的预期。然而,投资者却很少关注到股票价格本身能影响到公司的业绩。如果股票价格影响到公司的业务基础,而这些业务基础又是预期投资要考虑的重要因素,那么就会产生一个重要的反馈机制。对于那些严重依赖于一个有利的股票价格的年轻的高科技公司来说,这种反馈机制尤其明显。[17]

乔治·索罗斯(George Soros)将这种动态反馈循环称为自反性(reflexivity)。他总结如下:"股票价格并不仅仅是一种被动的反映;它们在上市公司股价和财富的确定过程中是一个主动的成分。"[18]现在,我们要通过考察以下两个重要活动来分析自反性对初创公司的影响:为增长而融资的能力,以及吸引和留住关键员工的能力。

为增长而融资

年轻的公司通常依赖于股权融资。持续低于预期的公司业绩报告会使投资者对其业务模式的生存能力产生怀疑。

由此导致的令人失望的股票价格会使得发行新股要么过于昂贵,要么根本不可行。反过来,这种状况阻碍了公司执行价值创造的增长策略。随着投资者逐渐认识到这一问题,股票价格通常会持续不断地下跌。

这种恶性循环不仅限制了公司的成长能力,在某些情况下还会导致公司破产或以一个非常低的折价被收购。这种受害者的一个例子是一家名字叫做 Living.com 的网上家具销售店,它于 2000 年 8 月申请第七章破产(Chapter 7 bankruptcy)。据公司的执行总裁肖恩·霍利迪(Shaun Holliday)说:"资本市场近期的低迷极大地阻碍了我们募集所需资金并获取赢利的能力。"

很多初创公司依赖收购来构建其业务。其中大部分公司用股票来支持它们的交易,这是公司为其增长而融资的另一条途径。[19] 较差的股价表现使得依靠股票收购的成本非常高或者根本不可行。即使具有稳健的股价表现的公司也不应该沉醉在发行股票是无风险的幻想之中。如果市场以使收购者的股票价格下跌的方式来反对公司收购,那么几乎可以肯定的是,市场对公司的未来收购问题非常慎重。

吸引和留住关键员工

初创公司经常在异常紧缺的劳动力市场中竞争。如果公司不能为其现有和未来的员工提供一个能够获得丰厚股票期权收入的可靠前景,那么公司会存在致命缺陷。一个令人失望的股价表现会导致期权价值迅速缩水,这将威胁到公司当前的业绩和未来的前景。再者,当投资者认识到这一状况时,股票价格的不断下跌可能会持续。

一个表现较差的股价还会削弱其他重要利益相关方(包括客户、供应商和潜在的战略伙伴)的信心。这种状况只能加重公司的不幸。

自反性的衍生

对于采用预期投资方法的投资者来说自反性有什么重要意义呢? 首要的是,投资者需要问自己:是否在对公司预期的估计中考虑了自反性。不加鉴别地接受公司的增长策略,而没有对来自股价表现不好的融资风险进行因子分解分析,是导致令人失望的投资结果的原因。

我们建议,在你估计一支股票的期望价值的时候,至少要将这种结果作为最坏情形进行分析。这种结果出现的概率很大程度上依赖于管理层的发展眼光和管理能力,也依赖于高层管理者说服市场的能力:使市场相信虽然产生了持续的经营损失,但是公司具有稳健的业务模式,理应享有较高的股票价格。总之,投资于快速增长、资本有限的初创公司的投资者们必须认识到这些年轻公司不仅承担了与其他公司一样的正常的经营风险,而且还承担了因股票价格下降而使公司不能实施其增长战略的风险。

基 本 思 想

➤ 贴现现金流模型会低估灵活性的价值,这会导致投资者错误地解读那些具有较大不确定性的初创公司和再造公司的 PIE。

➤ 实物期权能够体现不确定的未来机会的潜在价值。

➤ 为了确定你是否需要进行实物期权分析,要同时考虑公司潜在的实物期权价值和市场估算的实物期权价值。

➤ 你应该将从基础因素到股票价格和从股票价格到基础因素(自反性)的动态反馈循环包含在预期投资过程之中。

第九章　跨越不同的
经济景观

股票市场价值的结构变化(特别是源于技术股的周期循环)致使一些投资者认为我们需要新的规则去理解价值。我们坚决不同意这种观点。基本的经济原理仍然没变,它们足够稳健,能够跨越所有类型的公司和业务模式来体现价值创造的动态变化。价值创造原理(它是预期投资方法的核心)是连接所有公司的纽带。

那么,为什么所有人都在谈论新规则和新范例呢?主要是,投资者发现传统标尺(如市盈率)已无法解释市场中发生的事情。于是,投资者开始使用一些他们认为能够更好地反映市场如何给不同行业定价的指标。现实中,并不是市场用无穷多种方式给公司估价(市场的基础估价模型是始终如一的),而是业务的特征和性质是不同的。

为了证明这一点,我们将业务分为三大类:实物型、服务型和知识型,并突出每种类别的不同特点。然后,对每种业务类型,我们要分析那些能够帮助我们识别重大预期修正的最有可能来源的价值因素。我们将会发现,预期投资方法的灵活结构允许我们跨越不同的经济景观实施它。

业 务 类 型

我们首先定义这三种业务类型。虽然我们知道许多公司的经济活动并非仅限于某一种业务类型,但是我们分类的目标是帮助我们界定出那些决定现金流和预期修正的因素。

> **实物型**。对于实物型公司,诸如制造和销售设施、设备、厂房和存货等有形资产是创造价值的关键。突出的例子包括钢铁、汽车、造纸和化工等行业,以及诸如零售、餐饮和旅店等以消费者为导向的部门。

> **服务型**。服务型公司依赖于人,将人作为竞争优势的主要来源,并且通常以一对一的形式提供服务。银行、广告公司、咨询公司和金融服务公司都属于这种类型。销售收入的增加取决于员工人数的增加和生产效率的提高。毫无疑问,员工的人工成本在总成本中占相当大的比重。

> **知识型**。对于知识型公司,人是其竞争优势的主要来源。但是,与裁缝店对单个消费者的服务不同,知识型公司使用智力资本来开发初始产品,然后将其不断复制。软件、音乐和制药公司都是典型的例子。创新

和人们多变的喜好使得知识型公司必须不断地完善现有产品并创造出新产品。

类型特征

基本的经济原则适用于所有业务类型。但是，不同的业务类型具有不同的特征，因而也具有不同的预期修正路径。

投资触发器与可扩张性。实物型业务必须增加实物资产，服务型业务必须增加员工人数，才能保持它们的增长。换言之，对额外生产能力的需要会触发再投资。这种对生产能力的周期需求限制了规模的可扩张性，即保持销售收入增长快于成本增长的能力。相比之下，知识型业务的规模可扩张性较高，因为它们的产品一旦开发出来，其复制和分销成本相对要低廉一些。

网景（Netscape）公司的创始人马克·安德森（Marc Andreessen）在策划其随后的风险投资项目响云（Loudcloud）计划时，分析了服务型业务与知识型业务之间规模可扩张性的区别。响云计划当时准备从事网站托管业务，这是一个存在高度竞争的行业。但是，安德森解释说他想要一个新视角："做这项业务的最蹩脚的方式是努力做其他公司所做的事情……对于每位客户，我们可以雇用 10 个人，让他们行动起来，业务就可以运转。但是，最终并没有多大价值。这项业务只能通过增加你所能雇用到的员工数量来扩张其规模。我们想要做的是，无须雇用许多新员工就能够为成百上千的客户提供服务。"[1]出于这种原因,响云计划设计了一种以软件而非员工为基础的可扩张的业务模式。

为什么并非所有的知识型业务都具有高度可扩张性呢?其中一种原因是被市场接受的知识型产品数量相对较少,而且市场接受的这些知识型产品常常会很快过时。反过来,产品过时的不断威胁会触发新一轮的投资。

微软公司董事长及首席软件设计师比尔·盖茨(Bill Gates)在1998年接受《财富》杂志采访时曾强调过产品的过时风险:"我认为,技术股的市盈率应该比可口可乐和吉列这样的股票的市盈率略微低一些,因为我们容易遭遇游戏规则的根本性变化。我非常清楚,在下一个十年中如果微软仍然是行业的领导者,我们将不得不经受至少三次危机。"[2]

竞争与非竞争商品及其保护。实物型业务和服务型业务通常享有平均单位成本随着销售收入增长而下降的好处,直到销售收入达到某一水平为止。超过这个水平,单位成本又会随着销售收入增长而上升,因为公司需要为额外的稀缺性投入支付成本,或者公司会陷入因规模或官僚导致的无效率困境。这是一个收益递减的世界。

相反,一些知识型公司不会受到稀缺性投入带来的限制,因为它们生产的产品属性是不同的。这是竞争性商品与非竞争性商品之间的区别。[3]对于竞争性商品来说,某个人的消费或使用会减少其他人可获得的商品数量。一辆汽车、一支钢笔和一件衬衫都是例子。相比之下,知识型公司生产的是非竞争性商品,这种商品可以允许许多人同时使用。公司创造商品的初始版本时通常会花很高的成本,随后复制和分销过程的成本相对较低。以软件为例,由于该商品新增的消费并不需要稀缺性投入,因此大量的产出和较低的增量成本导致了收益递增。

保护客户的使用能力是竞争商品与非竞争商品的又一区别。较强的财产权确保了实物资产的拥有者从中获利。而知识型产品由于其传播比较容易,因此未授权使用的风险非常高,这意味着知识型资产的开发者承受着不能收回其投资补偿的巨大风险。这一问题是 2000 年围绕顶级数字文件共享公司纳普斯特(Napster)进行激烈争论的核心问题。纳普斯特公司推动了音乐文件在个人之间免费交换。音乐发烧友们可以下载他们最喜欢的乐曲,而内容创造者(艺术家和唱片公司)却得不到一分钱。

供给方与需求方的规模经济。对于实物型公司和服务型公司,如果随着销量上升公司能够以更低的单位成本完成其主要经营活动,则供给方会形成规模经济。重要的是,供给方驱动的规模经济通常在公司能够主导其市场之前就会遭遇到很强的限制,因为存在官僚组织的无效率。因此,实物型公司或服务型公司很少能赢得可以占支配地位的市场份额。[4]

知识型公司的规模经济取决于正反馈,即让强者更强,弱者更弱。然而,却是需求方而非供给方驱动了知识型公司的规模经济。人们想要使用一种普遍存在的产品,因为它能保证与其他使用者的产品兼容。微软的个人电脑操作系统、美国在线的即时消息和 eBay 的拍卖服务都是很有启发的例子。而且,由于知识型公司的增量单位成本往往非常低,因此正反馈通常会因为新成员加入用户群而得到强化。这种效应导致了"赢者通吃"的结果。

表 9-1 总结了这些业务类型的特征。然而,在各种业务类型和行业内,每家公司通常包含多种不同的业务模式或为寻求增加股东价值而制订的行动计划。这些行动计划包括了产品质量、工艺技术、成本地位、服务、定价、品牌识别、合作伙伴以及分销渠道等多方面的策略选择。这些选择和类别特征决定了预期基础结构中销售、成本和投资等方面的行为。

最后一个类型差异是投资的会计记账方法,尽管它是一个非经济方面的差异。实物型公司主要投资于有形资产,它作为资产被记录在公司的资产负债表中,作为费用(通过折旧)在该资产的预计可用生命期内记录。相反,服务型公司和知识型公司主要投资于人力。所有这些投资在公司形成费用的那一年就被支出掉了。[5]

无论公司主要投资于知识型资产还是实物型资产,都会影响其收益和其他会计比率。但是,会计师选择记录投资的方法却不会影响公司的价值。出于估值的目的,投资于作为费用的知识的 100 万美元与投资于可折旧的有形资产的 100 万美元是相同的。在每种情形中,我们所知道的只是公司支出了 100 万美元,以及公司的价值最终取决于投资产生的现金流。

表 9-1　各种业务类型的主要特征

	实物型公司	服务型公司	知识型公司
优势来源	资产	人	人
投资触发器	生产能力	生产能力	产品过时
可扩张性	低	低	高
产品	竞争的	混合的	非竞争的
保护资本	容易	困难	困难
规模经济	供给方	供给方	需求方

业务类型与价值因素

现在,我们来透过价值因素考察业务类型。为了简单起见,我们将前两个价值因素——销量和价格及其结构——放在一起考察。我们的目标是证明预期基础结构(见图 9-1)足够稳健,能够体现所有业务类型的动态变化,因此可以帮助我们找出预期修正的潜在来源。

销量与价格及其结构

对于实物型业务,销售收入增长与有形资产增长及其利用有关。以零售连锁店为例,开设更多新店或扩建现有旧店都能提高销售收入增长的预期。销售收入增长与实物型资产以某种线性关系共同变化。一些零售商会因为其具有较好的业务模式或执行技巧而比其他零售商做得更好。但是,最终销售收入增长取决于资产的增长。

图9－1　预期基础结构

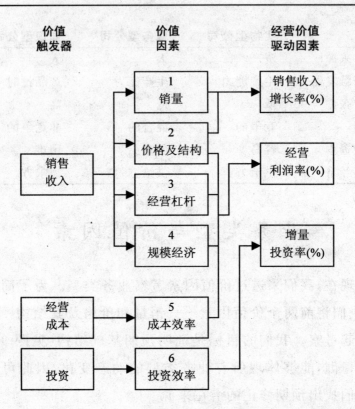

对于服务型业务而言情况类似。职工人数的增长和员工生产率的提高推动销售收入的增长。例如,经纪公司通过雇用更多的专业人员或提高现有专业人员的产出来实现增长。销售收入水平和雇员人数高度相关。资产增加与资产效率提高和员工人数增加与员工生产率提高分别刺激实物型业务和服务型业务的销售收入增长修正。

知识型业务有些不同。具体来说,两种情况能够导致知识型公司的销售收入高速(往往是未预期到的)增长。第一种情况是公司产品成为实际上的标准，如个人电脑操作系统中微软的视窗系统。一旦成为一种标准，就会确保用户之间的兼容性，并允许其他公司编写补充性的应用软件，将其资源集于该标准之上。通常，公司之间为了成为行业标准而明争暗斗，然而一旦某公司抢到前头，正反馈便会使该公司获得最终的市场支配权。

第二种情况是，在一家公司形成了一个能够达到临界用户数量的网络之时，需求趋于消失。所谓临界用户数量是指一个临界点，在该临界点上使用公司产品或服务的用户多到足以促进自我保持的增长。[6]这种增长是网络效应的直接结果，它存在于产品或服务的价值随着使用人数的增长而增长之时。[7]例如，在线拍卖商 eBay 公司需要足够多的买家和卖家以达到临界用户数量。但是，一旦达到临界点，eBay 就成为大家首选的网络。买家和卖家现在上 eBay 网是因为其他买家和卖家也上 eBay 网，新成员不仅对未来的网络使用者有价值，而且对那些已经在 eBay 家庭中的成员也有利。

标准制定者与网络控制者的销售收入增长模式是类似的。初期增长缓慢开始，但随后以一个递增的速度增长。对于获得市场最大份额的赢者和看到其潜在客户被竞争对手抢走的输者来说，这种需求方驱动的增长是进行预期修正的主要内容。[8]

为了避免我们对知识型公司的经济状况显示出过度乐观，我们要提出一个警告。对于赢者通吃市场中的每一位赢者，都会有许多输者与之相伴而生。像赢者一样，这些输者都承担了大量的投资成本。但是,与赢者不同的是,它们未能获得足以抵消成本的收入。当然,我们面临的挑战是要将赢者从输者中分离出来。

销售收入增长是销量的函数,也是价格及其结构的函数。一些实物型和服务型公司可以通过提高销售价格、改善产品结构或者在这两方面同时下功夫,来推动销售收入的增长和经营利润率的提高。为消费者提供比其竞争者更高的认知价值的公司有时能够获得溢价。这样做能够为公司提供使销售收入增长快于成本增加的机会。而且,一些公司还通过改善其产品结构提高了利润率。然而,我们知道,没有一家公司可以仅通过提高价格或改善产品结构来创造出长期股东价值。不过,这些价值因素可以成为预期修正的短期来源。

经营杠杆

所有业务都有产前成本,也就是说在产品或服务产生销售收入之前就会发生成本。产前成本的大小以及从初始成本支出到实现销售收入所需的时间随业务类型和公司性质的不同而不同。然而,产前成本总是沉没成本,公司只能在销售收入实现的情况下利用它。

一些实物型业务必须在销售收入实现之前就要拿出大量资本,以便具有足够的生产能力来满足预期的市场需求。短期的结果是闲置部分生产能力。随着公司销售收入的增长和生产能力的利用,公司可以将产前成本分摊在更多的产品上,从而实现经营杠杆。这种结果导致平均单位成本降低,经营利润率提高。

钢铁加工是一个很好的例子。新建一个钢铁生产工厂需要的花费从一个小型工厂的4 000万美元到一个综合工厂的60亿美元不等。[9]由于仅建设工厂的一部分是不可行的,所以公司必须在其销售收入实现之前就要投入建设所需的全部资金。毫无疑问,产能利用率(一个粗略的经营杠杆指数)是该行业业绩度量的主要指标之一。钢铁行业以拥有多余的生产能力而著称,这也是钢铁行业业业绩表现不佳的一个原因。必和必拓钢铁(BHP Steel)公司的董事长柯比·亚当斯(Kirby Adams)简要地表述了他的观点:"我们必须把关注重点集中于创造价值而不是创造产能上。"[10]

大多数知识型产品都具有较高的前期产前成本和相对适中的复制和分销成本。[11]软件是一个典型的例子。正如我们在第四章中看到的,微软公司花费了大约20亿美元开发出视窗2000。但是,一旦它制作出第一张磁盘,公司就能以一个非常低的成本进行复制。由于产品成本的大部分是固定成本,因此销售数量的增加降低了单位成本。

药品开发是另一个具有较高产前成本的知识型业务。[12]美国技术评估办公室(The U. S. Office of Technology Assessment)声称,从开发一种新药到最后得到食品药品管理局(Food and Drug Administration)的批准需要花费资金2亿美元到3.5亿美元不等,所需时间为7—12年。[13]然而,随着需求数量的增长,经营杠杆是十分显著的。一份资料显示,新药品的平均成本从第一粒药丸的 3.5 亿美元逐渐下降到第 10 亿粒药丸的 36 美分。[14]

经营杠杆不能无限地提高经营利润率。确切地说,我们应该将它视为一种暂时现象,因为实物型业务和服务型业务在原有能力耗尽的时候需要增加生产能力;而知识型业务必须开发出新一代产品以避免过时。但是,经营杠杆仍然是预期修正的重要来源。

规模经济

随着公司的增长(无论是实物型、服务型还是知识型),公司通常都会产生降低公司单位成本的规模经济。成功地实现规模经济的公司能够获得较高的经营利润率。

有关规模经济的一个最简单例子是购买数量。从其供应商那里大批量地购买时,大型公司常常只需为其投入(从原材料到像市场营销和广告服务等无形产品的消耗)支付较小的成本。

世界上最大的致力于家居改善的零售商家得宝公司为我们展示了规模的效应。由于公司增加了 300 多亿的增量销售收入,公司的毛利润从 1995 财年的 27.7% 提高到 2000 财年的 29.9%。公司将利润率的提高主要归因于由生产线改造和进口商品销售收入增加而带来的销售商品成本的降低。[15]换言之,家得宝公司用它的规模从其供应商那里获得最优惠的价格。根据行业分析师的分析,公司以低价的形式将部分利益转让给消费者,并且以高利润率的形式获得一部分收益。很明显,小型竞争者不会享受到这样的好处。家居改善行业中排名第二的劳氏(Lowe's)公司 2000 财年的毛利润率比家得宝公司的毛利润率低 1.7%。

规模经济反映了一个在较大规模下运营的公司能够以较低的成本完成经营活动的能力。相反,学习曲线是指由于经验累积的作用而降低单位成本的能力。研究人员已经研究了上千种商品的学习曲线。数据表明,对于中等规模的公司而言,累积产出的加倍使单位成本降低了约 20%。[16]因此,从学习曲线中获得的收益产生了较高的经营利润率。

在没有从学习曲线中获益的情况下,公司也能享受到显著的规模经济好处,反之亦然。但是,两者通常是密不可分的。如果你了解二者之间的差异,你便可以很好地理解过去的业绩表现并预见到预期变化。例如,如果一家大型公司是因为规模经济降低了成本,那么在其销售收入下降的情况下公司的平均单位成本将会增加。相反,如果公司因为学习而降低了成本,那么单位成本可能不会随着销售收入的下降而增加。

与规模经济相关的范围经济概念对知识型业务特别有价值。范围经济产生于公司追求业务活动的多样化而降低其单位成本之时。一个值得注意的例子是研发溢出效应,即一个研究项目的创意转用于另一些项目中。提高研究项目多元化程度的那些公司经常发现其创意的应用要好于研究项目多元化程度低时的情形。[17]

尽管规模经济是预期修正的一个重要来源,然而我们的经验表明,除了那些主要的实物型和服务型公司外,规模带来的好处通常会被竞争消耗掉。进而,一些领先公司通过降低价格的方式,选择将一部分规模收益转让给消费者,以便提高销售收入和赢得市场份额。对于赢者通吃市场中的知识型公司,规模确实十分重要。由于这些部门的需求和成本特征不同,首先获得规模优势具有重大意义,通常会导致重要的预期修正。

成本效率

我们刚刚讨论过的两个价值因素(经营杠杆和规模经济)取决于销售收入的增长。与之相反,成本效率是指与销售收入水平无关的降低成本的能力。

公司实现成本效率有两条基本途径。第一,公司可以在多种业务活动中降低成本:做同样的事情,但是更有效率。例如,世界上一流的速食谷类食品制造商家乐氏(Kellogg)公司通过精简生产和经营过程来降低成本。

在 2000 年年初公布的年度报告中,家乐氏公司预测这一方案将在 2000 年及以后年份中每年实现 5 000 万美元的税前成本节约。公司预计,累积节约成本(在 1997 年至 2000 年期间)将达到 2.45 亿美元(见表 9 - 2)。为实现成本节约,公司不得不为员工退休和买断方案一次性支付 2.5 亿多美元的现金。

服务型公司经常用实物基础设施代替人来实现成本节约。其中一个例子是零售银行。对于零售银行,随着客户花费更少的时间与银行出纳打交道,花费更多时间使用低成本的自动提款机或互联网,银行每笔交易的平均成本直线下降(见表9-3)。由于很多大型金融机构实现了这种成本节约,因此它们很快就因降低服务价格而显露出来。当然,预期机会仍然存在于适应变化的领先者和落后者。出于获得较高利润率的考虑,通过在技术曲线上保持领先,技术先行者能够保持比其竞争者更低的成本。

表9-2　家乐氏公司的年度成本效率节约(单位:百万美元)

年份	年度税前节约
1997 年	60
1998 年	10
1999 年	125
2000 年预期	50
总计	245

资料来源:家乐氏公司。

表9-3　零售银行每笔交易的平均成本(单位:美元)

渠道	每笔交易的平均成本
分行	1.14
电话	0.55
ATM	0.29
PC 银行	0.02
网络	0.01

资料来源:达拉斯联邦储备银行(Federal Reserve Bank of Dallas)。

　　知识型公司主要通过降低员工人数来实现成本节约。

网络软件的顶级供应商诺威勒(Novell)公司是一个恰当的例子。由于预计每年可以节约 1 亿美元左右,即销售收入的10％,该公司在 1997 年裁掉了大约1 000名员工,即员工总数的 17％。在随后的两年里,每位员工的销售收入暴涨了几乎35％。

第二种实现成本效率的途径是对业务活动实施重组。消费品巨头莎莉公司(Sara Lee Corporation)在 20 世纪 90 年代末宣布了一个彻底的重组方案。当时,公司最大的业务是个人产品,主要是黑尼斯(Hanes)针织品和编织品。业务被垂直整合,这意味着莎莉要参与生产过程的几乎每一环节。

根据与公司重组相关的档案文件,"这个方案的关键部分是一个完全垂直化公司经营,达到一种可行的程度"。莎莉想要外包无附加值的经营业务而不是从事生产过程的每一步。事实上,公司在重组公告后不久就卖出了美国纱线和纺织品经营业务。文件的结尾写道:"通过降低固定成本和经营成本,预期利润、利润率和收益都会得到提高。"[18] 因此,公司业务重组的目标是为了改善财务业绩表现,这与公司的销售收入无关。

总之,如果公司能够降低执行业务的成本或者通过自身业务的重组降低成本,预期机会就可能存在。投资者应该寻找具有与所属行业的成本结构不一致的公司,或者寻找特别专注于降低成本方案(但不是以牺牲公司的价值创造业务为代价)的公司。对于所有三种业务类型中的任何业务,成本效率是 PIE 修正的一个重要来源。但是,竞争会使成本效率带来的好处被低价销售和其他消费者利益所抵减，这一点类似于规模经济。

投资效率

更有效地配置投资资金的实物型公司能创造更多的股东价值。[19]如果一个公司在较少投资支出下产生了相同水平的税后净经营利润，进而在给定的销售收入水平下实现了较高的自由现金流（税后净经营利润减去投资），则公司实现了投资效率。当然，投资效率的价值因素对资本密集型业务特别重要。

一家空调、管件和汽车配件制造商美国标准公司（American Standard），通过一种被称为需求流动技术的方法显著地提高了公司的营运资本效率。它的基本思想是基于真实的消费者需求而不是事先制订的计划来拉动材料通过生产过程。据报道，这种方法使美国标准公司节约了 5 亿美元的营运资本。[20]存货周转率（商品的销售成本除以存货）在 20 世纪 90 年代从 3 倍上升到 9 倍。该方法如此成功以致包括通用电气在内的其他顶级公司都采用了这一技术。[21]

世界顶级快餐供应商麦当劳公司是通过提高固定资本投资效率增加价值的一个例子。通过标准化、全球采购和购买议价能力，麦当劳在 20 世纪 90 年代早期显著地降低了其美元业务单元的平均开发成本（见表 9-4）。很明显，来自于这些业务单元的预期销售收入和经营利润率并没有减少。效率的提高直接转化成较高的现金流和股东价值。

　　对实物型公司而言,投资支出模式是另一个需要考虑的
重要因素。在一个周期性缓慢增长的行业中,竞争的公司通
常会在周期高峰期支出过度而在周期低谷期支出不足。在
这些行业中,投资者需要仔细地监控投资支出原则。瑞士信
贷第一波士顿(Credit Suisse First Boston)的能源分析师詹
姆斯·克拉克(James Clark)发现,在能源周期循环过程中谨
慎投资的联合石油公司,包括埃克森公司(Exxon,现在是埃
克森—美孚 Exxon Mobil)和英国石油公司(British Petro-
leum),比那些以增长和市场份额为名义过分支出的公司产
生了更高的股东总收益。[22]

表 9-4　麦当劳公司的单店投资额

	1994 年	1993 年	1992 年	1991 年	1990 年
土地	317	328	361	433	433
建筑	483	482	515	608	720
设备	295	317	361	362	403
平均成本	1 095	1 127	1 237	1 403	1 556

资料来源:麦当劳公司。

注:美国平均开发成本,以1 000美元为单位。

　　对于那些改变其投资原则的公司,预期修正的机会更有
可能实现。汤姆·科普兰(Tom Copeland)证明,公司资本支
出预算的可控降低通常会比彻底削减工资总额的方式创造
出更多的价值。例如,他估计伊士曼·柯达公司(Eastman
Kodak)在 1997 年 9 月解雇了 1 万名员工(预计每年节约 4
亿美元)等于其资本支出预算减少了 14.5%。[23]他认为,公司

可以在不损害能够创造未来价值的投资的情况下实现这种预算削减。

基 本 思 想

> ➤ 你不需要新规则来理解不同的经济景观下价值创造的来源。预期投资的基本原理对于所有公司都足够稳健。

> ➤ 尽管价值创造的经济学没有改变，然而各种业务类型（实物、服务和知识型）的特征却是不同的。

> ➤ 透过价值因素了解业务类型能够帮助你预见到预期修正。

第三部分 读懂

公司信号

第十章　兼并与收购

兼并与收购已经成为公司景观中重要而持久的一部分。在这些高风险的博弈中，公司为了争取有利的竞争地位，通常要冒其市价总值大幅下跌的风险。与常规的资本投资不同，并购交易经常会像闪电一样突然袭来，在一夜之间完全改变公司的战略和财务状况。

兼并与收购对投资者非常重要，其理由如下：首先，并购活动如此盛行以至于它迟早都会影响到大多数股票组合中的相当一部分股票。其次，没有任何一种公司公告能像重大并购公告一样迅速而深远地影响股票价格。最后，并购交易经常能够带来一些买入和卖出机会，可以被收购公司和出售公司的股东以及其他投资者所利用。

本章将分析兼并与收购给投资者带来的机遇和风险。首先，我们阐述收购公司如何在兼并与收购过程中增加价值，其中包括协同效应评估中的主要问题。其次，我们提出一个适当的分析过程，它能让预期投资者紧跟上并购交易信息公告。这个过程包括：评价交易的潜在价值影响，读懂管理信号，预测股票市场的初始反应，并根据市场初始反应修正分析。

收购公司如何增加价值？

投资者、投资银行、公司和财经报刊对公司并购进行评估时最常用的方法是分析其对公司每股收益的直接影响。他们将每股收益增长视为好消息，将每股收益摊薄视为坏消息。

然而，仅仅关注于交易对每股收益的影响就如同将其过分简单化一样危险，因为这种方法除了具有收益所有的缺点（见第一章）之外，还会产生另外的与兼并有关的问题。一笔并购交易能够在两家公司经营状况没有得到任何改善的情况下引起每股收益的增长。事实上，即使合并公司的总收益有所下降，兼并与收购的每股收益算法也能够使得收购公司的每股收益得以增长。

这种看似相互矛盾的现象为什么会发生呢？只要收购公司的市盈率大于出售公司的市盈率，每股收益就会上升。这只是数学上的原理，与实际价值创造毫无关系可言。

考虑一组关于收购公司、出售公司和合并公司的重要统计数据。在并购交易发生之前，出售公司的总市值是 28 亿美元（4 000 万股乘以 70 美元/股）。收购公司出价用其一股股票（每股市价 100 美元）换出售公司的一股股票。这种每股 100 美元的出价意味着，收购公司要付出每股 30 美元的溢价（出售公司当前股价是 70 美元）。并购交易完成之后，总股本变为9 000万股（收购公司原有的5 000万股加上新发行给出售公司股东的4 000万股）。

	收购公司	出售公司	合并公司
股票价格（美元）	100	100 *	
每股收益（美元）	4	10	**6.67**
市盈率	25	10	
总股数（百万美元）	50	40	90
总收益（百万美元）	200	400	600

* 报价。

收购公司现在的每股收益是 4 美元。但是，由于收购公司新发行的股票每股收益是 10 美元。因此合并公司的每股收益从 4 美元上升至 6.67 美元，仅仅是因为收购公司的市盈率大于出售公司的市盈率。反之亦然：如果出售公司买入收购公司，那么它的每股收益会被摊薄，原因仅仅是它具有较低的市盈率。无论在哪种情况下，每股收益都不会影响并购带来的股东价值增加潜力。

如果不是通过使每股收益上升的方式增加公司价值的话，那么在公司兼并与收购过程中，收购公司又是如何创造价值的呢？答案是，它们通过投资于收益率高于资本成本的项目而实现这一结果。为了确定收购公司将产生多少股东价值，需要估计并购收益或协同效应的现值再减去并购溢价。并购溢价是指收购公司支付价格超过出售公司本身价值的部分。计算公式非常简单,但是产生协同效应却不是件容易的事情。[1]

等式 10.1

并购交易引起的价值变化 ＝ 协同效应的现值 － 并购溢价

预期投资方法有助于你对并购的评估。既然你知道一笔并购交易发生时会产生并购溢价,所以我们的任务就是判断并购所产生的协同效应是否足以增加价值。[2]让我们这样来看:收购公司愿意在出售公司本身价值的基础上支付溢价,因为它相信并购产生的协同效应会超过其支付的溢价。我们必须对市场是否认可收购公司的看法进行评估。

评估协同效应

我们如何确定有多大的协同效应是预期可以实现的?第一,求助于公司的管理层。几乎在所有的并购交易中,公司都会为投资者提供关于预测协同效应的来源和规模的具体指导。你对管理层估计的依赖程度取决于它的信誉度。我们发现,在很多情况下,即便是管理层对协同效应的多次乐观估计也不足以抵消收购溢价。[3]因此,管理层的具体指导会无意中引发股票价格有理由的直接下跌。

第二种评估协同效应的方式是,依靠第三章和第四章中分别提出的预期基础结构和竞争策略框架进行评估。预期基础结构是评估协同效应的理想工具。在你从价值触发器走到价值驱动器的时候会产生一些合理的问题。它们包括如下问题：

销售收入

> 并购交易能拓宽产品供应、扩展销售渠道或者扩大地域范围吗？
> 合并公司能以现有的投资实现更大的经营杠杆吗？
> 合并公司在原材料采购和市场营销等方面有实现规模经济的机会吗？

成本

> 管理层能够消除包括销售、会计、法律和管理方面的重复性活动吗？

投资

> 并购交易能够提供可以降低长期投资需求的资产重组机会或特定的资本管理技巧吗？

除了以上这些潜在的经营协同效应之外，并购交易还会导致税收成本和财务成本的下降。尽管所有的并购公司在进行交易之时都存有美好的愿望，然而获得协同效应的确是一项巨大的挑战。

并购交易公告时你应当做什么？

当一项并购交易公告时，你要提出以下几个关键问题：

1. 并购交易能给收购公司和出售公司的股东带来重大的经济价值吗？

2. 收购公司是发出信号要以股票而非现金支付交易费用吗？

3. 股票市场可能的初始反应是什么？

4. 在市场作出初始反应后和交易未完成之前，我们如何更新我们的分析？

对以上问题的回答将会帮助你识别并购交易公告所产生的预期投资机会。

评估并购交易的价值影响：股东在险价值

一旦公司公告有一笔重大并购交易，交易双方的股东和其他感兴趣的投资者都需要评价这笔交易对所涉及股东可能的影响程度。[4]即使投资者没有足够的信息对协同效应进行有把握的估计，他们也必须了解，包含在溢价中的协同效应预期不能实现对公司每位股东的影响。拉帕波特和希洛尔（Sirower）提出了度量协同效应风险的两种简单工具：一种适用于收购公司的股东，另一种适用于出售公司的股东。[5]

第一种工具是股东在险价值(SVAR®)。对于评估收购公司的相对协同效应风险,这是一种直接而有效的方法。你可以把它认为是一种"赌你的公司"指数。它向你展示了,在合并没有产生任何并购后协同效应的情况下,收购公司的价值有多大比例会处于危险之中。

现金支付方式下股东在险价值就等于溢价除以收购公司发布公告前的市场价值。我们也可以用溢价百分比乘以出售公司相对于收购公司的市值比,来计算股东在险价值(见图10-1)。收购公司支付给出售公司的溢价百分比越大,出售公司相对于收购公司的市值比越高,则股东的在险价值越高。当然,收购公司可能会出现损失大于其溢价的情况。在这种情况下,股东的在险价值低估了风险。

让我们来计算前文中假设交易的股东在险价值。我们假设,收购公司向出售公司支付40亿美元(每股100美元),这样收购溢价是12亿美元(40亿美元-28亿美元)。收购公司的市场价值是50亿美元。采用现金支付方式,收购公司的股东在险价值为12亿美元除以50亿美元,即24%。因此,如果不能实现协同效应,收购公司的股票价值就有下跌24%的风险。

收购公司的负担

20世纪80年代以来发生的所有收购交易中,大约有2/3的收购在交易宣布以后,收购公司的股票价格立即下跌。[a]在多数情况下,这种下跌仅仅是灾难到来的一个前兆而已。市场对并购公告习惯性地负面反应,反映了人们怀疑收购公司是否有能力维持公司业务的原有价值,并实现能够证明溢价合理所需的协同效应。

首先,很多收购交易失败仅仅是由于它们把预期值定得过高。即使不考虑收购溢价,收购公司和出售公司双方的价格也都已经反映了业绩的提升。例如,100个最大的非金融公司当前的经营业绩水平(没有包含假定的提升)仅能够解释股票价格的20%—40%。对于高速增长的技术公司来说,这一比率通常会更低。股票价格中的其余部分完全是建立在对公司当前业绩的预期提升的基础上。以此来看,30%—40%的收购溢价只是增加了对业绩显著提升的预期。而且,如果管理层在收购后的整合期间从某些业务中转移出部分重要资源,那么资源转移所带来的业务减少能轻而易举地抵消掉业绩增长。

第二,收购交易让人失望是因为竞争对手能够很容易地复制交易的好处。当收购公司试图去创造由竞争对手们付费的协同效应时,竞争对手们不会站在一旁无所事事。可以论证,除非收购能够带来持续的竞争优势,否则它不应该要求任何溢价。事实上,收购有时能够使公司变得更加脆弱,容易受到竞争性攻击,因为整合需要收购公司把注意力从竞争对手身上转移开来。当组织机构的不确定性很高时,收购交易还能为竞争对手创造一个窃取人才的机会。

第三,尽管收购交易是增长的捷径,然而它需要前期全部支付。相比之下,公司在研发、规模扩张或营销活动中的投资是分阶段进行的。在收购中,从交易一开始全部投资就有一种获取经济上的收益的压力。理所当然地,投资者希望看到业绩能适时增长的有说服力的证据。如若不然,在任何整合活动开始之前,投资者就会调低对公司的股票价格评级。

第四,常常是其他可比收购的价格,而不是对管理层何时、何地以及如何能够完成实际业绩增长的严格估价决定着一笔收购交易的购买价格。因此,收购价格可能与可实现的价值没有什么关系。

最后,停止一项错误的并购交易可能是非常困难且代价极高的事情。面临信用危机的管理层怀着更多时间和投入能够证明他们是正确的短暂希望,通过花更多的钱补救其投资失当,却致使问题变得更糟。在这种情况下,兼并成功就像哈雷彗星一样难得一见。

[a] 收购公司可以设计一个固定股份报价从而避免发出其股价被高估的信号。例如,收购公司经常向出售公司承诺一个最低价格,用来保护出售公司免受收购公司股票价格跌落到一个特定的价格水平之下的风险。

资料来源:Alfred Rappaport and Mark L. Sirowet,"Stock or Cash? The Trade-Off for Buyers and Sellers in Mergers and Acquisitions," *Harvard Business Review*, November-December, 1999, 147-158.

如果收购公司支付给出售公司股东的是股票而非现金，则收购公司的股东在险价值就会变小，这是因为股票支付方式将部分风险转移给了出售公司的股东。要计算股票支付方式下收购公司的股东在险价值，首先要计算收购公司股东在合并公司中所占的股份比例：50/(50＋40)＝55.5％。然后，乘以全部用现金支付方式下股东的在险价值24％，即可得到股票支付方式下股东的在险价值13.3％。

股东在险价值的大小并不总是明显的，因为交易公告中通常只说明基于股票价格（而非溢价百分比和收购公司相对于出售公司的市值比）的条款，而交易结构是变化的。问题的关键在于，如果股东在险价值比较小，那么交易对于收购公司不可能有很大的经济影响；相反，如果股东在险价值相当大，则这笔交易值得认真分析。

图 10 - 1 全部现金交易情况下的股东在险价值

		出售公司相对于收购公司的市值比			
		0.25	0.50	0.75	1.00
分类	30％	7.5％	15％	22.5％	30％
	40％	10％	20％	30％	40％
	50％	12.5％	25％	37.5％	50％
	60％	15％	30％	45％	60％

资料来源：引用得到西蒙—舒斯特有限公司下属的自由出版社的许可，来源于 *Creating Shareholder Value：A Guide for Managers and Investors*, Revised and Updated by Alfred Rappaport. Copyright © 1986, 1998 by Alfred Rappaport。

现在我们来看第二种工具——在险溢价（Premium at

Risk)。它是股东在险价值工具的一种变形。在险溢价工具是一种帮助出售公司股东在协同效应不能实现的情况下评估其风险的方法。对于出售公司,争议焦点是在固定股票支付方式下溢价有多大比例是有风险的。其中,固定股票支付方式是指收购公司发行的股票数量固定不变。答案是出售公司在合并公司中所占的股权比例。在我们的例子中,出售公司股东的在险溢价为44.5%。因此,如果没有协同效应实现,出售公司股东将收到40亿美元的购买价减去12亿美元溢价的44.5%,即34.66亿美元。所以在一个无协同效应的情形中,出售公司股东得到每股86.65美元(34.66亿美元除以4 000万股),而非交易公告中所声称的100美元。

在险溢价计算中假设其他不相关业务的价值是无风险的,只有收购溢价是有风险的,因此它是一种相当保守的度量方法。表10-1列出了1998年发生的部分重大股票收购交易中的股东在险价值和在险溢价。

在险溢价的计算向我们说明了,从出售公司的视角来看,为什么固定价值支付方式要比固定股票支付方式更具有吸引力。在固定价值支付方式中,收购公司并不固定其将要发行的股票数量,而是会保证出售公司在交易结束之日收到一个固定价值数额。由于收购公司必须要发行足够多的股票以达到这一价值,因此交易结束之日的股票价格决定了收购公司需要发行的股票数量。

表 10-1 1998 年公布的重大股票收购交易中的股东在险价
值和在险溢价

收购公司	出售公司	溢价	出售公司相对于收购公司的市值比	现金支付的 SVAR	收购公司的股权比例	股票支付的 SVAR	出售公司的在险溢价
麦克森—罗宾斯 (McKesson-Robbins)	家庭影院 (HBO)	30%	1.41	42%	37%	16%	63%
泰科国际 (Tyco International)	安普 (AMP)	66%	0.18	12%	78%	9%	22%
哈利伯顿 (Halliburton)	德雷瑟工业 (Dresser Industries)	15%	0.58	9%	60%	5%	40%
家庭国际 (Household International)	惠益 (Beneficial)	82%	1.01	83%	63%	52%	37%
康赛可 (Conseco)	绿树金融 (Green Tree Financial)	83%	0.39	32%	60%	19%	40%
欧迪办公国际 (Office Depot International)	维京办公 (Viking Office)	42%	0.63	26%	63%	16%	37%

资料来源:引用得到《哈佛商业评论》(*Harvard Business Review*)的许可。来源于"Stock or Cash? The Trade-Offs for Buyers and Sellers in Mergers and Acquisitions" by Alfed Rappaport and Mark L. Sirower, Novermber-December 1999,157。哈佛商学院出版社;版权所有。

在固定价值支付方式下,如果收购公司的股票价格在交易结束前因其全部承诺溢价而下跌,那么出售公司的股东就会得到更多的股票。由于收购公司完全吸收了出售公司的在险溢价,因此出售公司在交易结束之时的股票价格建立在无任何协同效应预期的基础之上。出售公司的股东不仅得到更多的股份,而且还是风险较小的股份。相比之下,在固定股票支付方式下,出售公司股东从交易公告之日起,就以其相应比例承担了收购公司股票价格下跌的风险。

读懂管理层信号

收购公司对于现金或股票支付方式的选择常常向投资者传递了一个强烈信号。正如股东在险价值分析所表明的那样，现金与股票支付方式的主要区别在于：在现金交易中，收购公司股东承担所有风险并享有所有回报。如果协同效应不能实现，则收购公司股东独立承担风险。另一方面，他们也将获得协同效应超过溢价的那部分收益的全部。在股票交易中，收购公司与出售公司都要承担风险，同时也共享回报。

所以，选择采用现金方式还是股票方式的决定传递了一种收购公司对不能实现预期协同效应的认知风险的信号。我们预期，一家自信的收购公司会采用现金收购方式，以便使其股东不要将预期的并购收益让与出售公司的股东。但是，如果管理层不能确信交易将会实现所需的协同效应水平，我们预期公司将采用股票支付方式以便对冲损失。股票交易方式通过稀释收购公司股东的所有者权益来减少他们的损失。

而且，如果管理层认为市场低估了他们公司的股票，那么它不应该发行新股，因为这样做不利于现有股东。研究一致发现，市场将发行股票看做是管理层（一个了解公司发展远景的团体）认为公司股票价格被高估的信号。具有讽刺意味的是，那些公开宣称其公司股票价格太低（这表明他们应该采用现金交易方式）的 CEO 们，兴高采烈地为他们的收购交易以"太低"的价格发行大量的股票。事实胜于雄辩：市场对现金交易方式的反应要比对股票交易方式的反应更为积极。

股票支付方式则向预期投资者传递了两种潜在的信号：收购公司管理层对收购缺乏信心和收购公司股票价格被高估。[6]理论上讲，如果公司有信心能够成功地整合并购，并且相信它的股票被低估，公司就应该一直采用现金支付方式。对于那些认为其股票价格被低估的收购公司和不能确定收购公司的真实价值的出售公司，现金支付方式巧妙地解决了其中的估价问题。

不幸的是，采用现金还是股票进行交易的决定并非总是能够很容易地作出。例如，一家公司可能没有充足的现金资源或举债能力来支付现金。在这种情况下，公司管理层可能会认为，即使发行低估的股票要支付额外的成本，收购交易仍会创造价值。因此，预期投资者不能将现金或股票支付方式看做是表明收购公司前景的明确信号。

研究表明，当收购公司通过愿意承担更多的交易结束前市场风险来显示它们对其公司股票价值的信心时，市场的反应会更积极。固定股票支付方式不是一个有信心的信号，因为如果收购公司股票价格下跌，出售公司得到的补偿就会减少。

固定价值支付方式传递了一种更有信心的信号，因为出售公司能收到合同规定的市场价值，而收购公司承担交易结束前公司股票价格下跌的全部成本。如果市场认可这种支付方式，那么收购公司的股票价格甚至可能会上涨。在这种情况下，收购公司的股东能获得收购交易所创造价值的较大部分。

如果你拥有采用股票交易方式的出售公司股票,那么你就会成为合并公司的一名股东。因此,你与收购公司的股东一样在实现的协同效应中拥有更多的利益。如果预期的协同效应没有实现,或者交易结束后有其他不利情况出现,那么你也一样可能损失掉收购公司支付的溢价中的很大部分。

最后,出售公司的股东永远不要认为,在股票支付方式中所声称的价值就是在交易结束前或后他们能够实现的价值。提前卖出,确实会锁定你的风险。但是,这样也是要承担成本的,因为在交易结束之前(被称为套利期)出售公司的股票一直在支付价格之下进行交易。当然,打算等到交易结束之后再卖出所持有的出售公司的股票的股东同样面临着不确定性:他们无法知道手中的股票在交易结束后的价值是多少。现在卖出,你将面临把原本可以得到的钱留给市场的风险;将来卖出,你将面临这个期间股票价格下跌的风险。

预测股票市场的初始反应

有了确定价值变化的基本公式(见等式 10.1),以及对于现金还是股票支付决策如何影响收购公司和出售公司的知识,你就具备了预测股票市场对于某一并购交易公告的初始反应所需的条件。

让我们从并购价值创造公式(见等式 10.1)开始。估计协同效应的现值(再次强调管理层的指导可能有所帮助),并计算溢价。然后,基于交易的经济效果和现金或股票支付方式的选择,根据图 10 - 2 来预测市场的可能反应。

一旦在公告之后股票开始交易,简单地将收购公司的市场价值变化与并购溢价加在一起,你就可以得到市场预期的协同效应。然后,就可以判断市场所预期的协同效应的合理性。如果市场高估或是低估了协同效应,那么你的投资机会就来了。

图 10－2　估算市场对一项并购交易公告的初始反应

	协同效应现值超过溢价	协同效应现值等于溢价	协同效应现值小于溢价
现金支付			
收购公司的股票价格	上涨,幅度为 S 大于 P 的数额	不变	下跌,幅度为 S 小于 P 的数额
出售公司的股票价格	上涨,幅度为溢价额	上涨,幅度为溢价额	上涨,幅度为溢价额
固定股份股票交易			
收购公司的股票价格	上涨,幅度为(权益百分比×S 大于 P 的数额)	不变	下跌,幅度为(权益百分比×S 小于 P 的数额)
出售公司的股票价格	上涨,幅度为(溢价额＋权益百分比×S 大于 P 的数额)	上涨,幅度为溢价额	变动,基于(溢价额－权益百分比×S 小于 P 的数额)
固定价值股票交易			
收购公司的股票价格	上涨,幅度为 S 大于 P 的数额	不变	下跌,幅度为 S 小于 P 的数额
出售公司的股票价格	上涨,幅度为溢价额	上涨,幅度为溢价额	上涨,幅度为溢价额

说明:由于套利行为的存在,瞬时反应不会反映全部溢价。

缩写:PV,现值;S,协同效应;P,溢价。

市场初始反应之后

并购评估的最后一部分是要在交易宣布并且市场有反应之后更新我们的分析。这种分析能够使你判断出,公告后收购公司和出售公司的股票在现金和股票交易方式下的吸引力。

现金支付方式。让我们从现金支付公告后对收购公司股票价格变动的影响开始。例如,假设并购交易公告宣布后,收购公司的股票价格立即下跌了 10%(从每股 100 美元下跌到 90 美元)。收购公司的股东承担了因股票价格下跌而引起股东在险价值下降的一部分。这是一种沉没成本。对股东和其他投资者来说,相应的考虑是现在该做什么。重要的是当前的协同效应风险,你可以通过修改公告前股东在险价值的公式来确定。

等式 10.2:

$$\frac{溢价 + 公告后市场价值的变化}{公告后的市场价值} = 当前股东在险价值$$

将我们的例子中的数值代入该等式:

$$\frac{12 亿美元 - 5 亿美元}{45 亿美元} = 15.6\%$$

分子是原始溢价与收购公司市场价值变化(正的或负的)之和,因此它是公告后股票价格所隐含的协同效应赌注。在这个例子中,分子等于 12 亿美元的溢价减去 5 亿美元的市场价值减少额(10 美元的股票价格下跌乘以 5 000 万股)。7 亿美元的差额表示继续持有收购公司投票的股东或其他以当前价格购买收购公司股票的投资者仍会面临的协同效应风险。

5 亿美元的下跌也使得分母中收购公司的市场价值变为 45 亿美元。15.6% 的当前股东在险价值低于公告宣布时的

24％,这是因为收购公司的股票已经承担了 5 亿美元的下跌风险。因此,当前股东在险价值反映了现有股东和以当前价格购买公司股票的投资者面临的剩余协同效应风险。类似地,一个对并购公告积极的市场反应会增加股东在险价值,反映现有股东和新股东所面临的更大风险。

另一方面,在现金交易中出售公司不承担没有协同效应的风险,因为收购公司股东承担了所有包含在溢价中的预期协同效应不会实现的风险。当然,出售公司的确也会面临一种风险:收购公司不能履行其交易义务。

固定股票支付方式。让我们再来看固定股票支付方式的交易。回想一下,股票交易的股东在险价值为全部现金交易的股东在险价值 24％乘以收购公司在并购后的权益比例 55.5％,结果等于 13.3％。再假设基于并购公告,收购公司的股票价格从每股 100 美元下跌到 90 美元。如同采用现金交易一样,由于股票价格的下跌,收购公司的股东已经承担了部分协同效应风险。因此,公告后股东在险价值下降至 8.6％(现金交易方式下公告后股东在险价值 15.6％乘以收购公司并购后所占的权益比例 55.5％)。

将在合并公司中拥有 44.5％股份的出售公司股东也要按股份比例承担收购公司股票价格下跌的损失。以收购公司当前的价格水平计算,12 亿美元的溢价中只有 7 亿(即58.3％)仍然是有风险的。用 58.3％乘以出售公司 44.5％的并购后股权比例得到 26％的在险溢价。对于出售公司股东来说,问题在于他们是否愿意在已经遭受的溢价损失之外再冒溢价 26% 的风险。

固定价值支付方式。最后,让我们来看采用固定价值支付方式的情形。如果收购公司当前股价仍然是交易结束时90 美元的股票价格,那么为了支付给出售公司股东固定价值40 亿美元,收购公司需要发行 4 440 万股,而非 4 000 万股。因而,收购公司股东将只拥有合并公司 53% 的股权。由于收购公司的股东承担了公告后股票价格下跌 10% 的全部风险,所以公告后股东在险价值下降至 8.2%(现金交易下公告后股东在险价值 15.6% 乘以并购后 53% 的权益比例)。

在固定价值支付方式下,出售公司股东在交易结束前不承担收购公司股票价格变动的风险。事实上,收购公司的股票价格下跌越多,出售公司在交易结束后承受的协同效应风险越小。如果收购公司股票价格从 100 美元下跌到 90 美元,下跌 10%,则只有 58.3% 的溢价支付(原始 12 亿美元中的 7 亿)仍然有风险;乘以出售公司股东在合并公司中 47% 的股权,得到在险溢价为 27.4%。再次出现类似的疑问:问题在于出售公司股东是否愿意打一个协同效应的赌,其赌注超过他们的在险溢价的 25%。

并购交易为能够读懂管理层信号并评估其经济效果的投资者提供了包含潜在预期机会的丰富资源。而且,虽然引人注目的并购公告可能很快就会被投资者忘记,但是我们在本章提出的一些工具可以让你分析在公告宣布之时和公告后期并购交易所产生的影响。

基 本 思 想

➤ 对于兼并与收购的成功投资,每股收益的变化并不是一个好的指标。

➤ 收购公司带来的股东价值增加等于协同效应的现值减去溢价。

➤ 股东在险价值为收购公司股东显示出,他们将其股票价格的多大比例押注在并购交易的成功上。

➤ 在险溢价为出售公司股东显示出,他们将其溢价的多大比例押注在并购交易的成功上。

➤ 在现金交易方式中,收购公司股东承担全部协同效应风险;而在股票交易方式中,出售公司股东与收购公司股东共担风险。

➤ 股票交易方式向预期投资者传递了两种潜在的信号:收购公司管理层对收购缺乏信心和收购公司股票价格被高估。

➤ 收购公司公告后的股票价格变化要求重新计算股东在险价值,以确定可能的买入和卖出机会。

第十一章　股票回购

20世纪80年代初股票回购开始盛行。到了90年代末,仅在美国,企业用于股票回购的支出占其收益的比例已经是80年代的十倍之多。在90年代末,企业用于回购股票的资金总额首次超过了其所派发的股息。[1]股票回购在全球其他国家也同样风靡。近些年来,像英国和加拿大等国家的股票回购活动呈日益增长趋势,而以前禁止股票回购的国家(包括德国和日本)也修订条款开始接受股票回购。尽管股票回购行为越来越普遍(见表11-1),然而它对股东价值的影响(因而对预期投资者的影响)却并不比以往更明确。

表 11-1　美国股票回购公告市场价值(单位:百万美元)

年份	荷兰式拍卖	投标	公开市场	总计
1980	—	5	1 429	1 434
1981	—	1 329	3 013	4 342
1982	—	1 164	3 112	4 276
1983	—	1 352	2 278	3 630
1984	9	10 517	14 910	25 436
1985	1 123	13 352	22 786	37 261
1986	2 332	5 492	28 417	36 241
1987	1 502	4 764	34 787	41 053
1988	7 695	3 826	33 150	44 671
1989	5 044	1 939	62 873	69 856
1990	1 933	3 463	39 733	45 129
1991	739	4 715	16 139	21 593
1992	1 638	1 488	32 635	35 761
1993	1 291	1 094	35 000	37 385
1994	925	2 796	71 036	74 757
1995	969	542	81 591	83 102
1996	2 774	2 562	157 917	163 253
1997	5 442	2 552	163 688	171 682
1998	2 640	4 364	215 012	222 016
1999	3 817	1 790	137 015	142 622
总计	39 873	69 106	1 156 521	1 265 500

资料来源:Gustavo Grullon and David L. lkenberry, "What Do We Know About Stock Repurchases?" *Journal of Applied Corporate Finance* (Spring 2000):31. 引用得到许可。

　　在正确的情况下,股票回购为预期投资者提供了一个要修正其对公司前景预期的信号。的确,对于管理者来说,在他们对公司前景比投资者抱有更乐观的态度时,股票回购是提升股票价格的一种非常有效的方法。然而,这种信号并不总是明确的。股票回购可能服务于一种利益分歧,这种利益分歧留给投资者的跟踪价值很小,即使能跟踪一个有意义的信号。

在本章中,我们为评价股票回购建立了一套指导原则。首先,从我们的主要兴趣开始:识别何时股票回购公告能为我们提供一个修正预期的可靠信号。然后,我们提出一条能够用来评估所有回购计划的黄金准则。最后,我们将黄金准则作为一种标准,对最常见的股票回购理由进行评价。

那么,在一家公司宣布股票回购计划时你应该做些什么呢?首先,你必须判断管理层是否提供了一个能使市场修正其预期的可靠信号。就像投资者找出修正其预期的理由一样,公司的管理者也会做同样的事情。

如果管理者公告了一个投资者需要修正其预期的可靠信号,那么你需要重新进行预期投资分析(第五章至第七章)。一个正面信号传递了管理者确信关于公司价值驱动器的市场一致估计太低。所以,对于公司的管理者,为继续持有股票者创造价值的最可靠办法之一就是,从那些不接受管理者的乐观观点的股东手中回购股票。[2]

如果管理层发出信号表明公司股票价格被低估,那么你必须弄清楚哪些价值驱动器的预期太低。我们建议重新关注预期基础结构,以此作为一种系统方法来挖掘修正的来源。作为指导性建议,你可以考虑如下几项:

> **销售收入**：销售量、价格及其结构、经营杠杆、规模经济。
> **成本**：成本效率。
> **投资**：营运资本和固定资本支出效率。
> **资本结构**：债务融资和股权融资的结构。

注意，我们增加了资本结构。公司有时会利用股票回购提高财务杠杆，投资者常常将其视为利好，因为这种回购行为表明了公司对未来现金流有信心。契约性强制利息支出的增加也限制了公司将闲置资金以低于资本成本的收益率进行再投资的能力。所以，财务杠杆能减少所谓的代理成本（管理者利益和股东利益不一致所致）。[3]

股票回购计划何时是一个负面信号呢？至少在下面两种情况下它将成为负面信号：第一种情况是，股票回购行为预示公司已经用尽价值创造项目。当一家公司选择将现金返给股东而不去投资业务时，你可以推断出市场对这家公司的价值创造机会的预期太高。第二种情况是，管理层回购股票是为了实现曾经宣布的每股收益目标。换句话说，由于公司的经营业绩表现令人失望，管理层转向求助于财务操控来达到其财务目标。

股票回购的黄金准则

我们已经制定了一个股票回购的黄金准则，你可以将其作为一种通用标准来评价股票回购计划的经济吸引力：

一家公司选择股票回购的唯一条件是公司股票在其期望价值之下交易，并且公司没有更好的投资机会。

让我们来剖析一下这条准则，前半部分"一家公司选择股票回购的唯一条件是公司股票在其期望价值之下交易"完全与预期投资方法一致。实际上，如果管理层在公司股票价格低于其价值时购买股票，则表明管理层是一个好的投资者。而且，如果管理层对期望价值的评价是正确的（即股票价格的确低于价值），那么财富就从正要退出的股东手中转移到继续持有的股东手中。最终，对于继续持有的股东来说，预期每股价值上升，这与管理者为其继续持有的股东追求股东价值最大化目标的理念是一致的。

后半部分"公司没有更好的投资机会"讲的是公司的关注重点。股票回购可能具有吸引力，但是对业务进行再投资可能是一个更好的机会。追求价值最大化的公司首先应该考虑为具有最高回报的投资提供资金。

黄金准则还有两个值得注意的推论：

➤ **来自股票回购的收益率取决于市场对股票的低估程度。** 如果一家公司的股票在其期望价值之下交易，且正要退出的股东愿意以市场价格出售其持有的股票，那么继续持有的股东将会获得一个超出权益成本的收益。股票被低估的程度越高，继续持有的股东获得的收益越高。[4]股东收益率（继续持有的股东能预期得到的收益率）等于权益资本成本除以股票价格与期望价值之比。[5]例如,一家公司的权益成本为 10%,其股票正在以期望价值的 80%的价格交易,用 10%除以 80%得出继续持有的股东的收益率是 12.5%。管理者和投资人会将这一收益与其他投资项目的收益进行比较,并依据其相对吸引力进行排序。这个公式还显示,以高于期望价值的价格回购股票会产生低于权益成本的收益。

➢ **股票回购可能比一项业务投资更具吸引力。** 以股东价值为导向的管理团队明白,他们应该为所有具有创造价值希望的投资提供资金。但是,如果公司没有多余资金或缺乏借款能力,而且为了给将要进行的股票回购提供资金,必须部分或全部放弃能创造价值的业务投资,又该怎么办呢? 公司只有在股票回购的预期收益大于业务投资收益率的情况下才应该考虑股票回购。[6]

现在我们已经有一种评价管理层制定股票回购决策的方法。但是,即使管理层有完全正确的意图,我们仍然需要判断股票回购的决定是否是建立在对市场预期的正确了解的基础之上。同样,要小心管理层的过度自信。管理者几乎总是认为他们公司的股票价格被市场低估了,而且他们几乎不完全了解包含在他们股票价格中的预期。[7]历史上不乏那些回购了"被低估"的股票却没想到业务发展大幅滑坡和股票价格一落千丈的公司。

股票回购的四种主要动机

现在我们来看公司进行股票回购的四种主要动机。我们尤其要甄别优劣：区分可以使继续持有的股东获益的决策与不能使继续持有的股东获益的决策（包括那些实际上伤害了继续持有的股东的利益的决策）。我们用黄金准则作为指导原则来寻找相关的信号。无论公司在什么地方违反了这一准则，我们都将解释管理层的表面原因。

1. 向市场发出股票被低估的信号

尽管这种动机（发出股票被低估的信号）是公司最常给出的理由，然而近几年来这种信号作用变弱了。为什么？

首先，一个已公告的股票回购会遭遇到我们称之为"政治家承诺"的问题。为了讨好选民，政治家们常常承诺减税，但减税数额和减税实施时间却含糊不清。类似地，公司常常宣称回购股票，但是它们并不总是能够坚持到底。事实上，在公司股票回购公告之后的三年中，有25％的已授权公开市场回购计划没有完成。[8]就像选民们谨防政治家承诺一样，投资者也应该认识到已公告的回购计划不同于已完成的回购计划。

另一个解释股票回购信号变弱的原因涉及公司实行股票回购的三种方法：

➢ **公开市场回购。**这种方法是至今为止使用最为广泛的方法。采用这种股票回购方法,公司只要像其他投资者一样在公开市场中简单地购回它们自己的股票即可。虽然公开市场回购行为有法律方面的限制(如公司可以回购的每日数量限制),但是这种方法给公司提供了最大程度的灵活性。另一方面,公开市场回购发出关于管理层信心的信号最弱,尤其是在这种回购只能抵消来自员工股票期权的摊薄效果的时候。

➢ **荷兰式拍卖法**。采用荷兰式拍卖方法,管理层设定所要回购股票的数量、截止日期和愿意买入的价格区间(相对于市场价格通常有一个价格溢价)。股票持有者可以以价格区间内的任何价格进行投标。从价格范围的最低价开始,公司加总股票数量,直到累计的股票数量达到完成回购计划所需的数量为止。所有等于或低于"出清价格"的竞标者以这个出清价格出售其股票。荷兰式拍卖法通常具有很强的信号,管理层能够相对有效地使用这种方法。[9]

➢ **固定价格投标报价**。采用这种方法,管理层在有效期内以固定价格回购一定数量的股票。这一固定价格常常是显著高于市场价格,并且公司通常投标回购相当大比例的已发行股票。股票持有者可以选择也可以不选择出售其持有的股票。固定价格投标(尤其是举债回购的)往往给市场发出的是强有力的正面信号。[10]

公开市场回购发出的信号最弱,而荷兰式拍卖法和固定价格投标法往往能够明确地传递出较强的信号。20世纪80年代末期,在美国采用荷兰式拍卖法和固定价格投标法的股票回购占已公告股票回购总额的21％左右。然而在90年代,它们仅占总额的5％。因此,强信号公告的相对比例急剧下跌。

股票回购的外部环境也影响着对信号的解读。尤其是,有几个因素与管理者对股票被低估的确信程度有关。[11]

> **股票回购计划的规模。**在其他条件不变的情况下,回购计划规模越大(公司需要支付的储备金比例越大),管理层的确信程度越大。

> **相对于市场价格的溢价。**可观的溢价不仅反映了管理者认为市场预期过低的信念,而且反映了管理者将该信念付诸于行动的决心。

> **内部人持股比率。**相对较高的内部人持股比率能够更好地将管理者和股东的经济利益结合起来。拥有相对较多股份的管理者很可能只投资于能够创造价值的机会,而不追求公司规模最大化。

> **内部人出售。**当管理者执行一个规模较大的股票回购计划时,并且表明他们并不会出售其持有的公司股票,这意味着他们正在加大个人对公司成功的赌注。这种行为向市场发出一个正面信号。

正像前面情形所展示的那样,要确定管理层是否发出一个关于股票价格被市场低估的可靠信号,你必须要留意那条古老的格言——"事实胜于雄辩"。具有含糊条款的公开市场股票回购公告极少会发出需要修正预期的信号。在这种情况下,你应该评价是否有其他因素促使管理层作出回购的决定。另一方面,预期的显著修正可能伴随着大规模的荷兰式拍卖或固定价格投标而来,尤其是在与市场价格相比存在巨大溢价的情况下。尽管如此,你必须确定管理层的决策过程是否考虑了 PIE。

2. 管理每股收益

如果管理层宣布股票回购是出于管理每股收益,那么管理层的行动与股票回购的黄金准则常常是直接冲突的。每股收益不能够很好地解释价值,因为它们没有考虑到资本成本,忽略了投资需求,而且它们可以采用不同的会计方法计算出来(见第一章)。

然而,管理团队始终坚持最大化短期每股收益。正如我们将要看到的,有时是以最大化股东价值为代价。为什么?第一,他们认为投资界机械且不加分辨地用当期收益的一个倍数来估计价值。如果有说服力的证据表明市场接纳的是对长期现金流的预期,那么这种观点是有问题的。第二,许多高管奖酬计划仍然部分地依赖于收益目标。尽管股票期权是激励报酬的主要方法,但是管理者有时以短期赢利目标为借口,放弃长期价值创造的机会。

采用股票回购方法实现收益管理有两条途径。第一,某些回购计划尝试用于抵消来自员工股票期权计划对每股收益的稀释作用。在这种情况下,公司的目标是通过回购足够数量的股票以使发行在外的股票总数保持在一个固定水平上。员工股票期权的行权比率和股票的当前市场价格决定了股票回购的规模和价格。[12]

股票回购的这种动机没有可靠的财务学基础。如果公司的股票价格不低于它的期望价值,或者存在更好的机会投资于业务,那么很明显它违背了股票回购的黄金准则。出于抵消员工股票期权的稀释作用的目的而进行回购的公司,可能会无意中降低了继续持有的股东所持有股票的价值。

公司采用股票回购来管理每股收益的另一条途径是提高每股收益。几乎每一次在公司宣布一个引人注目的股票回购计划时,《华尔街日报》几乎总是机械地重复这种所谓的好处。下面是一段经典的引述:"股票回购的吸引力……非常明显。一家公司买回一部分发行在外的股票,这将提高公司的每股收益。"[13]这种陈述即便在数学上都不正确,更不用说在经济上行得通了。

股票回购提高还是降低每股收益是下面几个因素综合作用的结果:市盈率和公司放弃的税后利息收入或用于为回购融资的新债务的税后成本。更具体地说,当市盈率的倒数$[1/(P/E) = E/P]$高于税后利率时,股票回购会提高每股收益。当E/P低于税后利率时,股票回购会降低每股收益。但是,如果仅凭投资活动对每股收益的短期影响来判断投资的价值,那么我们可能会出错。

下面举一个例子。假设有三家公司(A、B 和 C),它们有相同的 100 美元现金余额、经营收入、税率、股票总数和每股收益。只有股票价格是不同的(见表 11-2)。

我们假设每家公司用 100 美元的现金余额来回购其股票。[14]公司 A、B 和 C 分别能买回 10 股、3 股和 2 股。现在我们可以看到,公司 A 的每股收益上升,公司 B 的每股收益不变,而公司 C 的每股收益下降(见表 11-3)。注意,每股收益的变化完全独立于股票价格和期望价值之间的关系。回购高估的股票会增加每股收益,同时会减少继续持有的股东的价值;回购低估的股票会减少每股收益,同时会增加继续持有的股东的价值。

表 11-2　股票回购之前各公司间的比较(单位:美元)

	公司 A	公司 B	公司 C
经营收入	95	95	95
利息收入(100×5%)	5	5	5
税前收入	100	100	100
税金(税率40%)	40	40	40
净收入	60	60	60
股票总数(股)	60	60	60
每股收益	**1.00**	**1.00**	**1.00**
股票价格	10.00	33.00	50.00
市盈率(P/E)	10.0	33.3	50.0
市盈率的倒数(E/P)	10.0%	3.0%	2.0%
税后利息率	3.0%	3.0%	3.0%

表 11-3　股票回购之后的各公司间的比较(单位:美元)

	公司 A	公司 B	公司 C
经营收入	95	95	95
利息收入	0	0	0
税前收入	95	95	95
税金(40%)	38	38	38
净收入	57	57	57
股票总数(股)	50	57	58
每股收益	**1.14**	**1.00**	**0.98**

　　因此,每股收益的增加或摊薄与股票回购是否有经济意义没有任何关系,因为市盈率和利息收入(或支出)之间的关系决定每股收益是增加还是摊薄,而股票价格与期望价值之间的关系决定股票回购的经济价值。既然收益和市盈率与期望价值之间的联系如此不可靠(如第一章证明的那样),那么它们对判断回购计划的吸引力是没有作用的。

　　由于对每股收益的不利影响,回购高估的股票(或者避免买入低估的股票)是对股东不利的一项投资。类似地,认为回购具有高市盈率的股票是不明智的,而回购具有低市盈率的股票是好的选择,这样的观点违背了经济原理。预期投资者应当总是使用价格—期望价值标准,并留心那些主要或者完全是为了提高每股收益而回购股票的公司。如果你拥有一家以短期收益为导向的公司股票,那么你可能就要考虑市场是否过于乐观,你是否应该卖出这些股票。

3. 有效地回报现金给公司股东

当公司想回报现金给股东时，它们通常有两种选择：派发股息或回购公司的股票。正如我们将要看到的，首选的方法依赖于几个条件，最重要的是税收和股票价格与期望价值之间的关系。

尽管如此，派发股息的做法正在逐渐绝迹。例如，虽然在1978年有2/3的美国公司派发股息，但是到了20世纪90年代末期，只有大约1/5的公司仍然这样做。[15] 从20世纪80年代中期开始，多数公司选择通过股票回购方式派发现金，而不是通过发放股息的方式。而且，尽管许多大型的公司没有取消股息，然而证据显示，它们正在以本应用来提高股息的资金为股票回购计划提供资金。

作为一位预期投资者，你应当关注公司如何回报现金给股东，其原因有两个：第一，你必须考虑税收的作用。股票回购通常比发放股息更有税收效率。第二，在股价被高估时回购股票会减少继续持股的股东的价值。

让我们首先来看税收。与派发股息相比，股票回购是回报现金给有纳税义务的股东的一种更有税收效率的手段，原因如下：[16]

> **税率差异**。普通收入的税率显著不同于资本利得的税率。股息按照普通收入的税率被征税，其税率现在高达39.6％。相比之下，长期资本利得的税率水平是20％，大约是最高的普通收入税税率的一半。即便这

样,税率的这种差异仍然不足以解释股票回购带来的税后收益。具体而言,想得到与股息收益类似的现金收益的股票持有者可以出售其持有的一部分股票,只需支付出售价格与成本之差的资本利得税。相比之下,全部股息都需要纳税。

➤ **时间在你一边**。股票回购的另一个税收优势是推迟交纳税款。股东可以选择持有而不是卖出股票,这样可以推迟交纳税款的时间直到出售股票为止。因此,股票回购比股息派发具有更多的优点,不仅因为它具有低税率,而且因为它在交纳税款上具有自由的时机选择。

尽管这些税收问题很重要,却还不足以完全解释股息收益的下降。尤金·法马(Eugene Fama)和肯尼斯·弗伦奇(Kenneth French)注意到,股息收益下降的一部分反映了公开上市交易的公司的特征正在发生变化。首次公开发行市场的强势使得上市交易的公司整体向那些赢利有限但有良好成长前景的小公司倾斜。这些公司基本不可能派发股息。

员工股票期权的飞速增长也阻碍了股息的支付。由于员工股票期权的持有者通常不能获得股息,因此如果公司派发股息的话,他们持有的股票期权价值就会下降。[17]很自然,在背负员工股票期权的公司中管理者并没有派发股息的动力。

尽管股票回购具有税收上的相对优势,预期投资者也必须谨记股票回购的黄金准则。当股票价格超过它的期望价值时,股票回购将价值从继续持有的股东手中转移到准备出售的股东手中。而且,即使股票回购比股息派发更有税收效率,你也应当问一下:你是否能找到更好的项目将现金投资到业务之中。

4. 提高财务杠杆

对于财务杠杆较低的公司来说,股票回购是一条提高其债务—权益比率的有效途径。由于公司资本结构的显著变化能够影响股东价值,因此这种变化令投资者感兴趣。适当的财务杠杆可以为利息费用的税盾收益与财务困境风险之间提供平衡。

对于赢利的公司来说,可抵税的利息费用能创造有价值的税盾。如果假设资本结构发生永久变化是合理的,那么你可以通过对税收节约进行资本化来估计税盾的价值。简单地说,用税收节约(利息费用×边际税率)除以债务的税前成本即可。[18]

在某一点,公司陷入财务困境的风险超过债务所获得的税收节省。一家负债过高的公司可能无法完成契约承诺。陷入财务困境的成本费用是难以承担的,包括诸如律师费和破产管理费等直接费用,以及诸如客户和供应商流失带来的损失等间接费用。提高财务杠杆的股票回购能够合法地增加股东价值,尽管这种方法通常是一次性的。然而,作为一位预期投资者,你不应该忽视价格与价值之间的基本关系。换句话说,如果一家公司的股票价格超过它的期望价值,那么公司可能会找到其他低成本方式来提高财务杠杆。

预期投资者们总是关注着潜在预期修正的信号。股票回购正是这种信号的一个重要来源。但是,你必须挑剔性地评价股票回购,因为这种信号的作用(如果完全存在的话)现在比以前难以察觉。事实上,许多公司回购其股票的理由禁不住经济上的仔细推敲。股票回购的黄金准则是评价任何股票回购公告的优点的最可靠规则。

基 本 思 想

➢ 现在(2000 年)的股票回购远比 20 年前重要得多。

➢ 股票回购能够成为投资者需要对公司的价值驱动因素进行预期修正的一个重要信号。

➢ 你可以依靠下面的黄金准则对所有的股票回购公告进行评价:一家公司选择股票回购的唯一条件是公司股票在其期望价值之下交易,并且公司没有更好的投资机会。

➢ 公司进行股票回购所援引的四条主要理由是:

1. 向市场发出股票被低估的信号。

2. 管理每股收益。

3. 有效地回报现金给公司股东。

4. 提高财务杠杆。

➢ 投资者必须挑剔性地评价管理层回购股票的动机。

第十二章　激励报酬

如同生活的许多方面,在商业活动中,激励机制在决定随后的业绩表现方面起着举足轻重的作用。而且,由于对未来财务表现的预期是预期投资的核心,因此一家公司的激励报酬安排应该与作为投资者的我们有着较大的利害关系。尽管多数投资者容易理解激励报酬与业绩表现之间存在显著的相互影响,然而很多人都不能正确评价公司的管理层激励是否能够为未来可能向上或向下的预期修正提供重要的线索。[1]

其中有三个特殊问题凸现出来。第一,投资者认为只要公司提供与股权挂钩的报酬(主要是员工股票期权),管理者便能受到适当的激励,从而创造出超常收益。正如我们将要展示的一样,许多激励报酬方案(包括与股权挂钩的方案)实质上是一种薪金分配机制而不是真正意义上的激励。

第二,投资者认为员工股票期权是所有的管理层次都适用的报酬手段。实际上,对于那些对股票价格表现没有实际控制能力的员工而言,期权并不是一种合适的报酬方式。

最后,多数员工股票期权方案在股票市场表现好的时候给予的报酬过多,而在股票市场表现不好的时候给予的报酬过少。结果导致,决策者经常在市场下跌之后简单地重新定价(或再次发行)期权,这种情形通常让股东很不满意,因为不管怎样,持有期权的人都是赢家。

在本章中,我们讨论一些设计较为合理的业绩度量指标和报酬方案。激励系统的目标十分清晰,就是通过对他们创造的价值进行奖励的方式来激励管理者和员工创造价值。最佳的激励方案能够鼓励管理者交付一份超过市场预期的答案;考虑不周的激励方案则会奖励平庸之人,它们通常是未来令人失望的财务表现的前兆。

几乎所有的公司都自豪地宣称它们致力于提高股东价值。但实际上,许多公司将它们的激励报酬方案构建在一揽子业绩标准的基础之上,而每个标准又以不同方式影响着管理者的行为。

公司通常在三个层次上构造了激励支付的业绩标准:(1)CEO及其他公司高管;(2)业务单元主管;(3)中层管理者和一线员工。对每一层次,你都应该问两个基本问题:

> 公司使用的是一个合理的业绩度量指标吗?
> 公司是以一个合理的业绩阈值作为目标吗?

CEO 及其他公司高管

CEO 及其他公司高管的最主要责任是最大化股东的长期总收益。杰出的管理团队经过努力奋斗,在一段可持续的期间内实现超常的股东收益。股东期望董事会建立业绩考核标准和激励报酬方案,从而能够激励管理层提交这样的超常收益。

从 CEO 开始到公司高管通常都会得到薪金、短期和长期奖金(基于完成的财务目标)以及员工股票期权。奖金与超常的股东收益之间基本上没有关系,在那些短期财务表现支配着奖金支付的公司中尤其如此。另一方面,股票期权直接与股东收益相关。然而,正如我们将看到的那样,标准的股票期权方案能够奖励那些远低于超常收益水平的业绩表现。

20 世纪 90 年代初,公司董事会开始关注股东价值,并且坚信使管理者与股东利益一致的最可靠方法是将股票期权作为主要的报酬手段。10 年后,股票期权在美国最大公司 CEO 的报酬总额中占了一多半,在高级营运主管的报酬中占了大约 30%。对于董事们来说,期权和股票赠与在其报酬中也占了几乎一半。

但是,标准的股票期权方案没有做到根据业绩表现支付报酬。在牛市中,传统的股票期权甚至奖励平庸的业绩。这是因为高管的获利来自股票价格的任何上涨(甚至是远低于竞争对手或市场总体所实现的业绩水平)。[2] 而且，由于牛市不仅可能源于公司业绩的推动，而且可能源于一些管理控制之外的因素(如较低的利率)作用，因此高管可能会仅因为在适当的时候坐上适当的位置而大发横财。例如，L. E. K. 咨询公司分析了在 1993 年到 1998 年间道琼斯工业平均指数中成分公司赠与其 CEO 的股票期权。对于这些公司，L. E. K. 公司认为，期权价值的增长仅有 40％是由公司业绩超过其所属行业的业绩引起的，仅有 32％可归因于公司业绩超过标准普尔 500 指数收益率。

另一方面，在熊市中表现优于其竞争对手的高管却遭受了损失。标准期权的收益令熊市掩盖了优异的业绩，从而造成公司高管在业绩表现相对较好的情况下遭受了财富损失。牛市中的顺风车和熊市中的过度惩罚破坏了我们的目标：建立一个合理奖励超常业绩的制度。

尽管 CEO 一直都承认给股东带来超常收益是极为重要的，然而作为一位预期投资者，我们必须认识到标准股票期权方案无法区分低于平均业绩和超常业绩之间的差别。换言之，董事会并未对激励支付确定一个适宜的必要业绩水平。在我们评论另一个将奖励与超常业绩紧密联系起来的期权方案之前，让我们先简要回顾一下，公司如何在现有方案下赠与股权，以及它对投资者的影响。

布赖恩·霍尔(Brian Hall)将公司赠与期权的方式分为三类：[3]

> **固定价值方案**，它在计划期内每年给高管提供一个预

定价值的期权。

> **固定数量方案**,它规定在计划期内每年给高管提供一定数量的期权。

> **大规模赠与**,它是一个规模庞大的前期赠与方案,用以代替年度赠与方案。

在固定价值方案中,公司不大可能失去其高管,因为即使股票价格下跌,该方案也能确保在随后一年给予新的期权。这类方案将年度赠与期权与公司业绩隔离开来,因为在股票价格下跌时高管可以得到更多数量的期权,而股票价格上涨时得到的期权数量减少。虽然固定价值方案非常普遍,但是在三类方案中它提供的激励作用最弱。如果你发现一个公司死气沉沉的,它的高管缺乏企业家应有的动力,而且这家公司又实行固定价值方案,那你就应该特别留意了。在这种情况下,绝不要指望预期将发生向上的修正。更可能的结果是,管理层最终将得到较大份额的收益,而股东却要为公司持续不佳的业绩表现承担成本。

固定数量方案能够比固定价值方案体现出更强的业绩决定报酬的关系,因为年度平价期权的价值随股票价格上涨而上升。[4]同理,股票价格的下跌降低了未来期权赠与的价值。在固定数量方案下,公司存在失去高管的风险,原因在于如果股票价格下跌,预先确定的固定数量股权价值将减少。

大规模赠与方案为公司高管提供了最强的价值创造激

励,因为在此方案下期权数量和行权价格都是事先确定的。换言之,这些赠与期权在盼望的业绩出现的数年之前就为公司高管提供了或有股权。尽管公司采用大规模赠与方案的频率不如那些多年赠与方案,然而大规模赠与方案在硅谷的高技术公司中却十分流行。

虽然大规模赠与方案在期权赠与之时对公司高管能提供很强的激励作用,但如果股票价格下跌,且期权价值显著低于其行权价格,这种激励作用很快就会被侵蚀掉。大规模赠与方案对于那些股票价格具有高波动性的高技术初创公司而言风险特别大,因为在高度竞争的劳动力市场中,公司采用缩水的大规模赠与方案留住高管是十分困难的。具有讽刺意味的是,最常使用大规模赠与方案的(高技术初创公司)就是那些最有可能因股票价格下跌而导致员工跳槽的公司。

如何将所有这些信息运用于你的预期分析中呢?首先,确定公司使用哪种方案赠与期权。然后,评价在激励强度和失去高管的风险之间的平衡性。期权赠与方案与公司环境之间出现错配可能意味着你应该降低你的预期估计,或增大你可能遭遇最坏情况的概率。

公司能够消除标准股票期权赠与方案中的大部分缺陷吗?能。事实上,公司可以设计出相对简单的期权方案,用比在标准期权条件下更大的报酬奖励那些业绩优异的人,同时适当地惩罚那些业绩拙劣的人。预期投资者应该留心采用这种方案的公司,并且应该尽可能地提倡落实这种方案。

指数期权方案将管理者与追求超常收益的股东的利益最紧密地联系在一起。[5]对于这种期权,高管支付的行权价格要么与一个该公司竞争对手的指数挂钩,要么与一个宽泛的市场指数挂钩。例如,如果被选指数增长了20％,则期权的行权价格也按同比例增长。在这种情况下,只有在公司股票价格的涨幅超过20％,即表现优于目标指数时,指数期权才有行权的价值。

指数期权不会仅仅因为市场上涨而奖励业绩不好的高管,也不会因为市场平稳或下跌而惩罚超常表现者。如果该指数下跌,则期权的行权价格也随之下跌,让高管即使在一个持续熊市也能得到激励。很明显,指数期权奖励所有市场状况下的超常业绩表现。

尽管指数期权颇具吸引力,并且受到诸如美联储主席艾伦·格林斯潘(Alan Greenspan)等显赫人士的支持以及机构投资者的一致推崇,然而该方案仍然很少为人所采用。[6]CEO大多都回避指数期权方案,因为该方案给他们的报酬中注入了更多的风险。一方面,会计准则能够惩罚使用指数期权的公司。指数期权与标准期权不同,公司必须在每年的损益表中反映出指数期权的成本。另一方面,为了提供一个具有可比性的初始价值,公司不得不赠与比传统的期权数量更多的指数期权,因而股东会遭受股权"过度稀释"带来的损失。

重新定价还是不重新定价

在经历股票价格表现较差的一段时期之后,员工股票期权的价值蒸发,公司面临艰难的抉择。尤其是公司必须决定是对现有期权的行权价格重新定价(降低),还是用具有更有利条款的新期权来代替原有期权。预期投资者应该如何看待这一抉择呢?

实际上,这个抉择是一个非常困难的权衡问题。如果公司不重新定价,而且无力增加现金报酬,那么它就有可能失去价值创造的真正生命之血:核心员工。如果其股票期权处于没有希望的缩水状态,一个公司在高度竞争的劳动力市场中招募、激励和留住核心员工是很困难的,至少这是负自反性的征兆,即负反馈循环。(有关自反性的讨论参见第八章。)

另一方面,如果公司重新定价,它会冒着使报酬支付系统习惯化的风险,因此颠覆激励报酬方案的精神和目的。

一个明智的解决方案是:将这个缩水期权替换为指数期权,这对股东和管理者来说是一个双赢的方案。它取悦了股东,因为高管具有很强的经济动机来创造超常的股东价值。而且,股东也乐于为超常业绩表现慷慨解囊,为平庸业绩表现扣除奖励。CEO及其他高管因为在任何市场状况下都有可能获得显著的期权利润而应该具有相同的兴奋度和干劲。[a]指数期权不仅为公司董事会提供了一个解决缩水期权问题的方案,而且还为连接激励报酬与投资者的目标(实现超常业绩）提供了所需的彻底改革。

ᵃ对每一份现有的传统期权，公司应该赠与多少份指数期权呢？答案取决于公司股票价格低于现有期权的行权价格的程度。当期权缩水的程度逐渐变大时，它们变得越来越没有价值；此时公司等价交换所需要的指数期权越少。例如，假设一家公司股票价格为 80 美元，期权的行权价格为 100 美元。根据期权定价模型计算，缩水 20% 的期权的估计价值与指数期权的市价是完全相同的。在这种情况下，为了吸引不情愿的高管，董事会可以为每份现有期权交换指数期权提供一个溢价交换率，如 1.25 甚至 1.50。

然而，上面的两种担心都是多余的。在第一种情况下，不管公司是把期权成本当做费用处理，还是把它放在财务报表的附注中当做成本披露出来，股东的成本都是相同的。第二种担心也违反了经济原理。对股权稀释的担心不应该基于期权赠与的数量，而应该基于高管在缺乏超常业绩时能够行权的期权数量。因为标准期权方案可以奖励业绩低于平均水平的高管，所以标准期权方案总是比指数期权方案具有更大的股权稀释风险。

业务单元主管

尽管 CEO 的薪酬总是吸引着媒体的头条新闻，然而业务单元主管的报酬却很少得到监督，即使它对公众公司的成功同等重要。毕竟，一个公司的业务单元是其主要的价值来源。在一家经营一系列产品的分散化公司中，业务单元主管要作出重要的经营和投资决策。CEO 对这些业务单元主管的评价和奖酬方式影响着他们的行为，并且最终影响公司的经营成果。正如投资者仔细考察 CEO 的报酬一样，他们应该确定公司是否将业绩目标和业务单元主管的激励报酬与股东的利益合理地结合起来。

股票期权与年度和长期的经济激励一起在业务单元主管的报酬中占一半以上。不幸的是，股权赠与方案和财务目标通常不是合适的激励手段。公司的股票价格不是单个业务单元业绩表现的合适度量指标。这种业务单元实质上是嵌入在公众上市公司中的私有公司。业务单元主管通常对公司总体成功的影响有限，因而对股票价格的影响也有限。基于股票价格的激励不能赋予他们应得的奖励。

由于公司其他部门的较差业绩导致公司股票价格下跌，这可能不公平地惩罚了获得超常业绩的业务单元主管。另一方面，如果某一业务单元业绩表现不好，而公司股票价格上涨源于其他部门的超常业绩表现，则该业务单元的主管便可享受一份不劳而获的横财。只有当公司的业务单元真正地相互独立时，公司的股票价格才是其业绩表现的公正而有效的指标。

公司通常使用诸如经营收入和投资资本利润率等财务指标，来衡量业务单元的业绩表现。然而，这些指标与股东价值之间没有可靠的关系。为了平息收益指标没有考虑资本成本的责难，越来越多的公司从收益中扣除了资本成本。虽然一些咨询师和管理者声称由此而导致的"剩余收入"计算是股东价值增加的一个合理估计,但是剩余收入本质上仍然是一个具有所有收益缺陷的收益数字。[7]即使剩余收入是业绩的合理度量指标,公司也总是将最低的可接受业绩水平设定得过低。

当公司增量投资收益超过了资本成本时,管理便创造了价值。但是,这并不意味着激励系统应该奖励业务单元主管创造的任何价值。用资本成本标准作为激励报酬阈值的公司大都忽略了公司股票价格中已经隐含的价值创造预期。

以一个资本成本是 10% 的公司为例。假设股票价格反映了市场的信念:公司将找到一个平均期望收益率为 25% 的投资机会。如果公司开始投资于一个收益较小的项目(如 15%),那么投资者将向下修正他们的预期,公司的股票价格将下跌。很少有人认为公司应该因这样的业绩而奖励管理者,即使他们的业绩高于资本成本。

那么,公司应该如何确定业务单元的激励报酬呢?为了给股东提供超常收益,公司的业务单元必须共同创造出高于当前股票价格所隐含的价值水平。当业绩降到该水平以下时,CEO 及其他公司级主管不可能从指数期权中获利。因而,报酬方案应该奖励那些提交创造超常股东附加值(SSVA®)的业务单元主管。[8]

如果公司使用了错误的业绩度量指标或者不合理的业绩阈值,则投资者有充分的理由质问:现有的激励方案如何能激励出超常的价值创造。反过来,在他们评估有利的预期修正发生的可能性时,这一担忧应该使投资者更慎重。

中层管理者和一线员工

公司在每一层次上都需要合理的激励报酬度量指标,以最大化其获得超常收益的可能性。建立一个能够引导一线员工作出实用决策的激励报酬度量指标,是解决激励报酬难题的最后一步。超常的股东价值增加和诸如销售收入增长率、经营利润率等支持的价值驱动器都太宽泛,以致无法为日常经营活动提供指导。中层管理者和一线员工需要知道,他们应该采取什么样的具体行动,才能确保公司达到或超过市场预期。

最好的公司能识别出价值的先行指标——与公司长期价值具有较强相关性的度量指标(第六章)。这些先行指标的例子包括:新产品上市时间、员工流动率、客户保持率、按时开设新店数和从订单日到送货日的平均循环周期等。一线管理者能够影响所有这些营运活动。改善先行指标的表现是实现超常股东附加值的基础,而超常股东附加值又是超常股东收益的基础。图 12-1 描述了这种业绩度量指标的三个层次。精明的预期投资者总是在不断关注公司在将激励报酬实施与股东的超常收益目标联系起来方面做得如何。

预期投资者必须理解激励报酬,以衡量公司报告的业绩与市场预期的业绩不同的概率。那些采用具有超常业绩标准的报酬方案的公司向投资者发出了一个显示其志向的强烈信息,而且它们很可能成为正向修正的根据。对那些通过采用与股权关联弱的报酬方案而为平庸者支付的公司来说，负向修正更可能发生。

图 12 - 1　业绩度量指标的层次

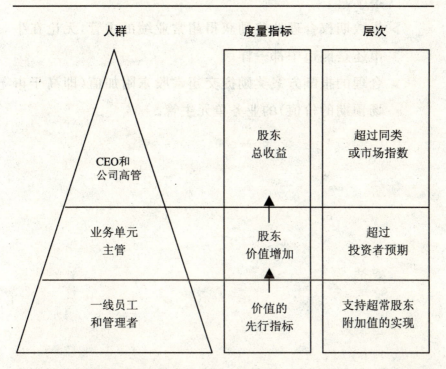

人群	度量指标	层次
CEO和公司高管	股东总收益	超过同类或市场指数
业务单元主管	股东价值增加	超过投资者预期
一线员工和管理者	价值的先行指标	支持超常股东附加值的实现

资料来源：引用得到《哈佛商业评论》的许可。来源于"New Thinking on How to Link Executive Pay with Performance" by Alfred Rappaport，March-April 1999，91-101。哈佛商学院出版社，版权所有。

基 本 思 想

➢ 理解主管和员工的激励报酬方案对洞察市场预期变化十分重要。

> 标准的管理层股票期权与"为超常业绩支付"的理念背道而驰,因为它们奖励股票价格任何原因的上涨(甚至包括公司业绩落后于其竞争对手和总体市场的情况)。

> 指数期权合理地奖励获得超常业绩的主管,无论在牛市还是熊市中都一样。

> 合理的报酬方案奖励提交超常股东附加值(即高于市场预期的价值)的业务单元主管。

注　释

第一章

1. Louis E. Boone, *Quotable Business* (New York: Random House, 1999).

2. 我们假定投资者已经选择出能反映其风险承受能力的投资策略,这种风险承受能力包括股票的风险水平和分散化程度。

3. Charles D. Ellis, *Winning the Loser's Game*, 3rd ed. (New York: McGraw Hill, 1998), 5.

4. "Where, Oh Where Are the .400 Hitter of Yesterday?" *Financial Analysts Journal* 54, no. 6 (November-December 1998): 6-14.

5. John C. Bogle, *Common Sense on Mutual Funds: New Imperatives for the Intelligent Investor* (New York: John Wiley & Sons, 1999), 92.

6. 当然,其他成本是不明显的。随着基金规模的增加,投资组合管理者会遇到市场冲击成本。市场冲击成本是指股票成交价与牌价之差。对于大额买入或卖出,市场冲击可能会使交易变得经济上不可行。因此,一个基金经理可能不得不持有他不再想要的股票,这阻碍了基金经理买入他想要的股票。欲了解详细的讨论,参见 Ben Warwick, *Searching for Alpha* (New York: John Wiley & Sons, 2000), 36-38。

7. Berkshire Hathaway Annual Report, 2000,13.

8. Jack L. Treynor, "Long-Term Investing," *Financial Ana-*

注释

lysts Journal 32, no. 3 (May-June 1976): 56.

9. John Burr Williams, *The Theory of Investment Value*(Cambridge: Harvard University Press, 1938), 186-191.

10. 学术研究确认,影响报告收益而不影响现金流的会计核算方法发生变动的公告出台时,股票价格不会受到影响。

11. Jonathan Clements, "Vanguard Founder Blasts Funds," *Wall Street Journal*, 16 May 2000.

12. Alfred Rappaport, "CFOs and Strategists: Forging a Common Framework," *Harvard Bussiness Review*, May-June 1992, 87.

13. Michael J. Mauboussin, Alexander Schay, and Stephen Kawaja, "Counting What Counts," *Credit Suisse First Boston Equity Research*, 2 February 2000.

14. Erick Schonfeld, "The Guidance Game," *Fortune*, 21 December 1998, 255.

15. 更复杂的情形是,对于那些长期超过一致估计的公司,收益预期游戏规则发生了改变。这些公司不得不达到一个更高的标准——所谓的耳语数字(whisper number),即高于一致估计的收益预期。尽管这些数字是非官方的,然而它们常常被证明比"官方的"一致估计更接近于报告收益。高于一致估计但没有达到耳语数字的公司,将会看到其股票价格随投资者调整他们的预期而下跌。

16. 通常,市盈率是用下一年每股收益的估计值来计算的。

第二章

1. 假设某人跟你签订一份协议,约定从今天起一年后你将会获得 1 万美元。那么今天你应该为此协议最多支付多少钱呢?当然,答案取决于你能够期望在接下来的一年中获得的收益率。如果同等风险投资的一年期收益率是 7%,那么你就不应该支付多于按 7%复利计算的一年后等于 1 万美元的现值金额数。由于你已经知道了下一年的现金流(1 万美元)和贴现率(7%),因此你可以很容易计算出现值

（或者你应该支付的最大金额）是9 346美元。

现值×（1＋收益率）＝终值

现值×1.07＝10 000美元

现值＝9 346美元

2. Neil Barsky, "Empire Building to be Sold to a Peter Grace Family Member," *New York Times*, 31 October 1991.

3. John C. Bogle, "Investing Wisely in an Era of Greed," *Fortune*, 2 October 2000, 130.

4. 通过观察资产负债表中累积递延税款（递延税款资产和递延税款负债的净值）的变化，你可以估算出账面和现金税款之间的调整。

5. 我们扣除折旧是因为，折旧合理地估计了必要的开销，以保持当前的生产能力不变。因而，我们只把超出折旧部分的资本投资看做是一种"增量"资本。注意，我们并不调整经营利润以反映折旧费用（一种非现金项目）。但是，由于我们在资本支出中扣除折旧，因此自由现金流就真正成为一个"现金"数字。我们可以通过将折旧加回经营利润，扣除资本总支出而不是增量资本投资，来获得相同的自由现金流数值。

6. 例如，对于不可能保持持续经营的衰退公司而言，流动价值就是其残值的最优估计值。

7. 下面解释了其中的原因。假设股东5年前对一家公司投资了5 000万美元的初始资本。在接下来的5年之中，账面价值从初始投资的5 000万美元增长到7 000万美元。但是，同期的市场价值增长到1亿美元。假设合理的收益率是11％。股东是对获得来自于7 000万美元账面价值的11％的收益率感到满意？还是更期望获取来自于1亿美元市场价值的11％的收益率？很显然，投资者希望获得来自于当前市场价值的收益。

8. 我们的权益成本计算是以资本资产定价模型（CAPM）为基础的。尽管对于资本资产定价模型的有效性的质疑持续了20年，然而它仍然是应用最广的定量研究风险和收益之间关系的模型。更重要的是,现在没有其他更好的模型可供选择。批评者提出证据证明,除 β 系数之外还有其他因素(如公司规模和市盈率)会决定股票长期收益的变化。然而,至今为止仍然没有任何理论能够解释这些结果。虽然某些学术研究人员已经将这些因素与超额收益联系起来,但是我们不能确认这些曾经发生的联系,即这些因素在未来能够产生超额收益。所以,当我们承认围绕资本资产定价模型存在激烈争论的时候,我们不将它看做是预期投资方法的关键。

9. 通过投资于一个能广泛代表整个股票市场的投资组合,你基本上可以"分散掉"所有的非系统性风险(即单个公司特有的风险),譬如没有预期到的公司首席执行官的去世,或者是一场毁掉了一个主要生产机构的大火。因此,市场只是通过补偿投资者承担的不可分散化的市场风险(即整个市场变动的系统风险)的方式给证券定价。β 系数是系统风险的一个度量指标。

10. 有关红利模型和预期收益的详细讨论,参见 Bradford Cornell, *The Equity Risk Premium* (New York:John Wiley & Sons, 1999), chapter 3。

11. Joseph Weber, "What to Do with All That Cash," *Business Week*, 20 November 2000, 160.

12. 有关现金管理的讨论,参见 S. L. Mintz, "Lean Green Machines," *CFO Magazine*, July 2000, 79-94。

13. 在给债券或优先股估价的时候,我们使用市场价值而不是账面价值。在证券发行以后,利率变化会引起市场价值偏离其账面价值。例如,如果利率上升,那么市场价值将会下降到账面价值之下。如果你使用账面价值,那么你将高估债券和优先股的现值,因而将低估股东价值;如果利率下降,会发生相反的结果。你可以在报纸(《华尔街日报》或《投资者商报》)或者在金融网站(如 Bloomberg. com)上找到公开交易的债券和优先股的当前价格。要想估计没有公开交易的债券的价值,可以通过用当前市场利率对具有相同风险的债券支付的利息进行贴现来得到。

14. 年金资产和负债不会出现在发起公司的资产负债表中，但是你可以在财务报表的附注中找到它们。这里是找到公司年金计划中资金运用状态的最好地方。

15. 假定预期通货膨胀率为2％，采用考虑通胀的永续年金法计算的残值为：

$$残值 = \frac{NOPAT \times (1 + 通胀率)}{资本成本 - 通胀率}$$

$$= \frac{1145.5 万美元 \times 1.02}{(0.10 - 0.02)}$$

$$= 1.4605 亿美元$$

用5年的预测期和10％的资本成本对上面的残值进行贴现，得出9 069万美元。

16. 永续年金法的假设远不如它开始表现出的那样激进，因为当产生现金流的时间越来越远，它们的现值相应地变得越来越小。例如，1美元永续年金按照15％的利率贴现，将会得到1美元除以15％的价值，即6.67美元。下面是期限为5年到25年的1美元年金的现值：

年数	年金现值（美元）	占永续年金价值的百分比
5	3.35	50.2
10	5.02	75.3
15	5.85	87.7
20	6.26	93.9
25	6.46	96.9

注意，期限等于10年时，我们获得了永续年金价值的75％；而期限等于15年时，该百分比接近90％。随着贴现率的上升，达到永续年金价值的时间会下降。

17. 如果我们将永续年金模型中的贴现率从名义利率改为实际利率，估计出的价值将会等于采用考虑通胀的永续年金模型得出的价值。例如，假设实际资本成本为7.84％，预期通货膨胀率为2％。名义资本成本等于〔(1＋实际资本成本)×(1＋预期通货膨胀率)〕－1。在这个例子中,名义资本成本是〔(1＋0.0784)×(1＋0.02)〕－1,即10％。再假设在预测期的最后一年新投资之前的自由现金流是1美元。采用永续年金模型计算出的残值等于1美元除以10％,即10美元。如果将永续年金模型从名义利率形式转换成实际利率形式,我们用1美元除以实际资本成本7.84％,获得12.75美元的残值,与考虑通胀的永续年金模型得出的结果一致。

第三章

1. Peter Coy, "The Power of Smart Pricing," *Business Week*, 10 April 2000, 160.

2. Adrian Slywotzky and Joao Baptista, "AT&T Finds Bigger Isn't Always Better," *Wall Street Journal*, 27 October 2000.

3. Michael E. Porter, *Competitive Advantage: Creating and Sustaining Superior Performance* (New York: Free Press, 1985), 73.

4. 戴维·贝赞可(David Besanko)为我们指出,规模经济也可能会影响投资。例如,由于销量持续增长,制造业公司也许能投资于规模更大、自动化程度更高的工厂,这将降低它的增量投资率。我们认为投资的规模经济非常难以评价,它们在预期投资中很不显著。因此,我们不能将其放到预期基础结构中。

5. David Besanko, David Dranove, and Mark Shanley, *Economics of Strategy* (New York: John Wiley & Sons, 2000), 436.

6. General Electric Annual Report, 1999, 5.

7. 为了更详细地了解企业如何能显著地减少它们的资本支出,参见 Tom Copeland, "Cutting Costs Without Drawing Blood", *Harvard Business Review*, September-October 2000, 155。根据 Copeland 的研究,在资本支出上永久性地减少 15％,能使一些公司的市场规模至少增加 30％。

8. Emily Nelson，"Wal-Mart Sets Supply Plan as Net Tops Forecasts," *Wall Street Journal*，10 November 1999.

9. 在这种情况下，我们让必要的增量投资保持固定。

10. 临界利润率一词首次出现在 Alfred Rappaport，"Selecting Strategies That Create Shareholder Value," *Harvard Business Review*，May-June，1981，139-149。

11. 使用考虑通胀的永续年金法计算残值，其临界利润率的计算公式如下：

$$临界利润率 = \frac{经营利润率_{t-1} \times (1 + 通胀率)}{(1 + 销售收入增长率_t)}$$

$$+ \frac{[(销售收入增长率_t)/(1 + 销售收入增长率_t)] \times 增量投资率 \times (资本成本 - 通胀率)}{(1 - 现金税率) \times (1 + 资本成本)}$$

在这里 t 为设定的预测期（年）。

第四章

1. Michael E. Porter, Competitive Strategy：Techniques for Analyzing Industries and Competitors （New York：Free Press，1980）.

2. Michael E. Porter，*Competitive Advantage：Creating and Sustaining Superior Performance* （New York：Free Press，1985），36.

3. Adrian J. Slywotzky，*Value Migration：How to Think Several Moves ahead of the Competition* （Boston：Harvard Business School Press，1996）；Adrian J. Slywotzky and David J. Morrison，*The Profit Zone：How Strategic Business Design Will Lead You to Tomorrow's Profits* （New York：Times Business，1997）.

4. Clayton M. Christensen and Matt Verlinden，" Disruption, Disintegration, and the Dissipation of Differentiability," working paper，Harvard Business School，Boston，January 2000.

5. Philip Evans and Thomas S. Wurster，*Blown to Bits：How*

the New Economics of Information Transforms Strategy (Boston: Harvard Business School Press, 2000).

6. Adrian J. Slywotzky et al. , *Profit Patterns: Thirty Ways to Anticipate and Profit from Strategic Forces Reshaping Your Business* (New York: Times Books, 1999), 123.

7. Evans and Wurster, *Blown to Bits*, 39-43.

8. Clayton M. Christensen, *The Innovator's Dilemma: When New Technologies Cause Great Firms to Fail* (Boston: Harvard Business School Press, 1997).

9. 同上,第 32 页。

10. Andrew S. Grove, *Only the Paranoid Survive* (New York: Currency/ Doubleday,1996).

11. Clayton M. Christensen and Richard S. Tedlow, " Patterns of Disruption in Retailing," *Harvard Business Review*, January-February 2000,42-45.

12. Michael Schrage, "Getting Beyond the Innovation Fetish," *Fortune*, 13 November 2000, 225-232.

13. Carl Shapiro and Hal R. Varian, *Information Rules: A Strategic Guide to the Network Economy* (Boston: Harvard Business School Press, 1999).

14. W. Brian Arthur, " Increasing Returns and the New World of Business," *Harvard Business Review*, July-August 1996, 101-109.

15. Shapiro and Varian, *Information Rules*, 117.

第五章

1. Warren E. Buffett, " How Inflation Swindles the Equity Investor," *Fortune*, 5 May 1977,250.

2. Chris Kenney, "Market Signals Analysis: A Vital Tool for

Managing Market Expectation," *L. E. K. Shareholder Value Added Newsletter*, vol. 9, p. 4.

3. Aswath Damodaran, "Homepage," http://www. stern. nyu. edu/～adamodar, Aswath Damodaran 在其个人主页上提供了一个关于资本成本的全面讨论和许多补充工具。

4. 在 Alfred Rappaport 编写的 *Creating Shareholder Value: The New Standard for Business Performance* (New York: Free Press, 1986)一书中题为"Value growth duration"一节里引入了市场隐含预测期的概念。关于市场隐含预测期在证券分析中所扮演的角色的详尽讨论,参见 Michael Mauboussin and Paul Johnson, "Competitive Advantage Period: The Neglected Value Driver," *Financial management* 26, no. 2 (Summer 1997): 67-74。作者在其文中将预测期称为竞争优势期。

5. 在大量的案例中,只要期权的数量和行权价格事先固定,那么它们的成本就不会影响损益表。然而,在以下两种情况下期权成本会反映在损益表中。第一种情况是,公司选择了一个带有可变的行权价格的期权计划。例如,公司将期权的行权价格变化与某一指数联系在一起。在这种情况下,公司需要记录期权内在价值(股票价格减去行权价格加上时间价值)的年度变化。第二种情况是,公司给它的期权重新定价,或降低期权的行权价格。重新定价会触发期权计划从"固定"到"可变"的转变,这将会影响损益表。欲详细了解指数化期权的内容,参见 Alfred Rappaport, "New Thinking on How to Link Executive Pay with Performance," *Harvard Business Review*, March-April 1999, 91-101.

6. Brian J. Hall, "What You Need to Know About Stock Option," *Harvard Business Review*, March-April 2000, 123.

7. 区分股东承担的成本与管理层获赠期权的价值之间的差别是很重要的。纯粹的风险厌恶型管理层往往给其获赠期权赋予较低的价值。

8. 一本出色的期权定价模型参考书是 John C. Hull 所撰写的 *Options, Futures and Other Derivatives* (New York：Prentice Hall, 1999)。

9. Brain J. Hall and Kevin J. Murphy, "Stock Option for Undiversified Executives," working paper, October 2000; Nalin Kulatilaka and Alan J. Marcus, "Valuing Employee Stock Option," *Financial Analysts Journal* 50 (November-December 1994)：46-56; Jennifer N. Carpenter, "The Exercise and Valuation of Executive Stock Options," *Journal of Financial Economics* 48 (1998)：127-158; and Lisa Meulbrook, "The Efficiency of Equity-Linked Compensation：Understanding the Full Cost of Awarding Executive Stock Option," working paper, Harvard Business School, Boston, 2000.

10. 在其 2000 年的年度报告中，微软公司宣称期权"一般等待期在四年半以上……而特殊期权的等待期超过……七年半"（微软年度报告，2000 年）。我们假定五年是其平均期限。

11. 从技术上来讲，员工股票期权并不是期权——它们属于认股权证。金融期权是一种权利，而不是买入或卖出已发行股票的义务。认股权证是以事先约定的价格购买新股票的权利。由于认股权证具有稀释作用，因此它的价值稍稍低于期权的价值。认股权证的转换因子等于 1/[1＋（员工股票期权总数/股票总数）]。结果计算出，认股权证的转换因子是 97.2%，因此其价值比相应的期权价值低不到 3%。

12. 更准确地说，这种考虑是基于非法定股票期权赠与（nonqualified option grants)的。另一方面，法定期权（qualified option)不能为公司提供税金扣除。无资格期权计划构成了赠与期权的绝大部分，但是一些初创公司确实赠与了相当数量的法定期权。

第六章

1. Thomas H. Nodine, "Home Depot's Leading Indicators of Value," sidebar in Rappaport, "Executive Pay," *Harvard Business*

Review，March-April 1999，100.

2. J. Edward Russo and Paul J. H. Schoemaker，"Managing Overconfidence," *Sloan Management Review* 33，no. 2（Winter 1992）：7-17.

3. Hersh Shefrin，*Beyond Greed and Fear：Understanding Behavioral Finance and the Psychology of Investing*（Boston：Harvard Business School Press，2000），20.

4. Anne K. Bui et al.，"Worldwide PC Forecast Update，1999-2003," *IDC Bulletin* ♯W20599（November 1999）.

5. David Bovet and Joseph Martha，*Value Nets：Breaking the Supply Chain to Unlock Hidden Profits*（New York：John Wiley & Sons，2000），139-155.

6. Gary D. Goodman，"Gateway，Inc.，" Value Line Investment Survey，21 April 2000，1104. 高点估计中假设盖特威公司能够在七年的市场隐含预测期内保持这种销售收入增长速度。

7. 基于与尼达姆公司（Needham & Co.）的个人电脑行业分析师 Charles R. Wolf 的谈话。

8. Jim Davis and Michael Kanellos，"AOL，Gateway in Far-Reaching Pact," CNET News. com，20 October 1999，http://news. cnet. com/news/0-1006-200-920643. html（accessed April 2001）.

第七章

1. Max H. Bazerman，*Judgment in Managerial Decision Making*（New York：John Wiley & Sons，1998），6-8，39-41.

2. 我们使用术语超额收益（excess return）来描述某支股票超过其资本成本的收益。我们在全书中使用的术语超常收益（superior returns）是指投资者的整个投资组合业绩超过适当基准收益的收益。

3. 假设一支股票的期望价值为 100 美元，当前交易价格为 80 美元（期望价值的 80%），且资本成本是 10%。用今天的期望价值 100

美元,以资本成本 10% 作为复利计算,我们得到从现在开始两年后的期望价值 121 美元。如果股票价格从 80 美元上升到两年后的 121 美元,则年度收益率是 22.9%。去掉资本成本得出超额收益是 12.9%,也就是大约 13%。

4. Richard H. Thaler, "Saving, Fungibility, and Mental Accounts," *Journal of Economic Perspectives* 4, no. 1 (1990): 193-205.

5. Shefrin, *Beyond Greed and Fear*, 214-218.

6. Daniel Kahneman and Amos Tversky, "Prospect Theory: An Analysis of Decision Under Risk," *Econometrica* 47, no. 2 (1979): 263-291.

7. Terrance Odean, "Are Investors Reluctant to Realize Their Losses?" *Journal of Finance* 53 (October 1998): 1775-1798.

8. 这种分析适用于应征税的投资账户,而不是像 401(k) 养老金计划这样的延期纳税账户。

9. Brad Barber and Terrance Odean, "Trading Is Hazardous to Your Wealth: The Common Stock Investment Performance of Individual Investors," *Journal of Finance* 55, no. 2(2000): 773-806.

第八章

1. 我们十分感谢 Martha Amram,她帮助我们开发了这些技术。

2. 想要了解更多的有关如何识别实物期权并对其进行估价的读者可以参考 Martha Amram and Nalin Kulatilaka, *Real Options* (Boston: Harvard Business School Press, 1999);也可以访问他们的网站 www. real-options. com。

3. Nalin Kulatilaka and Alan J. Marcus, "Project Valuation under Uncertainty: When Does DCF Fail?" *Journal of Applied Corporate Finance* 5, no. 3 (Fall 1992): 92-100; and Amram and Kulatilaka, *Real Options*.

4. 放弃期权类似于看跌期权。

5. 红利支付同样会影响期权的价值。为了简化这个例子,在这里我们不考虑红利。

6. Richard A. Brealey and Stewart C. Myers, *Principle of Corporate Finance*, 5th·ed. (New York: Irwin McGraw Hill, 1996), appendix 12-13.

7. 一份欧式看涨期权假设期权执行决策只发生在期权到期日。美式期权假设期权执行决策可以在期权生命期内的任意时刻。在不考虑红利支付的情况下,美式看涨期权和欧式看涨期权的价值在本例中是一样的。

8. 净现值 $S-X=0$ 意味着 $S=X$。因此,$S/X=1$。

9. Steven R. Grenadier, "Option Exercise Games: The Intersection of Real Options and Game Theory," *Journal of Applied Corporate Finance* 13, no. 2 (summer 2000): 99-107.

10. 考虑过去的投资很重要,尤其是公司正投资于并购活动或合资企业的时候。一个引人注目的例子是,思科公司在 1999 年 11 月以 69 亿美元的价格收购了塞伦特公司(Cerent Corporation)。在 1999 年上半年,塞伦特公司的销售收入低于 1 000 万美元。我们也许不能从价值增加的角度为塞伦特公司辩护,但是这笔交易很可能为思科公司创造了巨大的实物期权价值。由于思科公司在基础设施上的前期投入,使得塞伦特公司的业务比其竞争对手增长更快、成本效率更高。实际上,市场也认同这一观点。收购消息发布的当天,思科公司的股票价格就出现了上涨。

11. 考察期权的价值和其他四个输入变量。使用估价公式求解与期权交易价格相一致的隐含波动率水平。关于如何估计波动率问题可参考 Amram and Kulatilaka, *Real Options*;或者 Hull, *Options, Future, and Other Derivatives*。另外,关于使用这两种方法估计当前的波动率问题可以访问网站 www.ivolatility.com。

12. 这是诸如安然公司等再造公司的情形。这里我们可以使用来自新业务的估计波动率的平均值。与其主要商品市场中的准投资银行的新业务相比,安然公司原有的燃气管道业务具有相对较低的波动率。

13. Martha Amram and Nalin Kulatilaka，"Strategy and Shareholder Value Creation：The Real Options Frontier," *Journal of Applied Corporate Finance* 13，no. 2 (summer 2000)：15-18.

14. 由于公司已有业务的预期价值创造的幅度不能大到足以达到股票价格水平,因此模型必须人为延长价值创造的持续期,以便用于补偿。

15. Alfred Rappaport，"Tips for Investing in Internet Stocks," *Wall Street Journal*，24 February 2000.

16. 注意,较低的股票价格也能极大地降低员工股票期权负债。在这个例子中,员工股票期权负债大约减少一半,不包括任何新的员工股票期权赠与。这里主要强调员工股票期权负债是动态的概念。

17. 公司管理者们通过讲述一个动人的故事可以帮助实现这一过程。请参考 J. William Gurley，"The Great Art of Storytelling," *Fortune*，8 November 1999。

18. George Soros，*The Alchemy of Finance：Reading the Mind of the Market* (New York：John Wiley & Sons，1994)，49.

19. 再次发行股票时,公众投资者为公司出售新股提供融资。在采用股权融资的收购中,出售股票的公司的股东为收购提供融资。

第九章

1. David Sheff，"Crank It Up," *Wired*，August 2000，186-197.

2. Brent Schlender，"The Bill and Warren Show," *Fortune*，20 July 1998，48-64.

3. Paul M. Romer，"Endogenous Technological Change," *Journal of Political Economy* 98，no. 5 (1990)：S71-S102.

4. Shapiro and Varian，*Information Rules*，179.

5. 员工股票期权是许多知识型公司采用的重要薪酬支付方式，它是不收取费用的。

6. 引爆点（Tipping point）是一个重要的相关概念。这一术语是指市场份额的某一水平，当市场份额达到这一水平时未来市场份额增加的成本变得越来越低，且容易实现，这将导致某家公司或某项技术战胜所有其他公司或技术。对于一个给定的产品，引爆点等价于达到临界数量——确保渐进成功的市场份额。如果两个因素适当：低多样性需求和高规模经济，市场可能会引爆。低多样性需求意味着市场接受一个正式的标准或者实际上的标准。DVD 和微软个人电脑操作系统都是实用标准化的例子。相反，另一个知识型行业药品行业中的标准化并没有太大的意义。消费者需要多种解决方案来满足其保健方面的需求。

7. 首先，投资者必须识别出受网络效应影响较大的部门。较强的网络效应往往发生在网络参与者享受高度互动性和兼容性的时候。其次，投资者必须找到那些最有可能将网络效应转化为股东价值的公司。

8. 关于这方面的详细讨论，参见 Geoffrey A. Moore, *Crossing the Chasm*：*Marketing and selling High-Tech Products to Mainstream Customers* (New York：HarperBusiness, 1991)；Geoffrey A. Moore, *Inside the Tornado*：*Marketing Strategies from Silicon Valley's Cutting Edge* (New York：HarperBusiness, 1995)；Geoffrey A. Moore, Paul Johnson, and Tom Kippola, *Gorilla Game*：*An Investor's Guide to Picking Winners in High Technology* (New York：HarperBusiness, 1998)。

9. Christensen, *The Innovator's Dilemma*, 88.

10. Robert Guy Matthews, "The Outlook," *Wall Street Journal*, 23 October 2000.

11. 复制与分销并非都是低成本的。例如，复制一张音乐 CD 可能比较便宜，但是通过传统店铺形式进行分销的成本仍然很高。

12. 在药品研发的任意时刻,公司都可以选择放弃研究和开发。

13. Sibylle Hechtel, "Biotech's Burn Rate," *Red Herring*, April 2000, 322-323.

14. Federal Reserve Bank of Dallas Annual Report, 1999, 20.

15. The Home Depot Annual Report, 1999, 19.

16. David Besanko, David Dranove, and Mark Shanley, *Economics of Strategy* (New York: John Wiley & Sons, 2000), 92.

17. 同上,第86—87页。

18. 8-K, September 15, 1997, 1-2.

19. 回想一下,前面我们曾介绍过服务型业务和知识型业务的大部分投资用于支付费用,与这些投资相关的效率因此被认为是成本效率。

20. David Blanchard, "Flow Manufacturing Pulls Through," *Evolving Enterprise* 2, no. 1 (February/March 1999).

21. General Electric Annual Repot, 1994, 2.

22. James F. Clark, "1999 Integrated Oils Financial Almanac," *Credit Suisse First Boston Equity Research*, 27 May 1999.

23. Copeland, "Cutting Cost Without Drawing Blood," 155-164.

第十章

1. 有时收购是公司为获取竞争优势而采取更加全球化和长期策略的一部分。重要的是,公司总体策略要增加一个令人满意的价值水平。这种情形下,收购公司不可能期望有一个创造价值的特殊收购交易,但是收购是实施这一策略的唯一可行途径。这种收购交易并不因其自身的结束而终止;相反,它提供了一种参与到未来价值创造机会的实物期权。然而,预期投资者应该提防那些利用实物期权花言巧语地使考虑不周的收购或多付交易变得合理化的 CEO。关于应对产生协同效应的困难的更加详尽的办法,请参见 Mark L. Sirower, *The*

Synergy Trap（New York：Free Press，1997）。

2. 在出售公司的股票公开交易的时候，市场价值是确定其独立价值的最合理基础。对于某些公司（尤其是那些在接管预期中股票价格被哄抬过的公司）来说，市场价值不是独立价值的合理替代变量。为了估计独立价值，必须在当前市场价格中扣除包含在当前市场价格中的"接管溢价"。

3. 一个简便快捷的检验方法就是用资本成本将管理层的税后协同效应预测值资本化，然后将其与溢价相比较。例如，预期税前节约是 1 亿美元，税率为 35％，资本成本是 10％，资本化的税后协同效应是 $1 \times (1-35\%)/10\% = 6.5$ 亿美元。

4. 本节和下一节改编自 Alfred Rappaport and Mark L. Sirower，"Stock or Cash? The Trade-Off for Buyers and Sellers in Mergers and Acquisitions," *Harvard Business Review*，November-December，1999，147-158。

5. 同上，第 156—158 页。

6. 尽管市场对并购公告的短期反应为交易的可能结果提供了一个合理而可靠的晴雨表，然而从事后来看，市场的评估很可能是不正确的。但是，研究却表明市场的估计是无偏的。这意味着，平均来看市场既不会高估也不会低估并购交易。在估计并购公司创造的最终价值时，市场估计可能过低也可能过高，两种可能性的概率近似于50：50。我们可以将投资者的总体判断视为并购价值的一个客观估计，对收购公司和出售公司股东而言都一样。简言之，股价的瞬时反应是市场对交易的长期影响的最优估计。对于那些认为市场对并购公告的反应是错误的投资者来说，买入或卖出股票而获利的机会到来了。

第十一章

1. 公司通过内部产生的现金流、资产负债表中的现金和举债来为回购提供资金。

2. 正如沃伦·巴菲特在伯克希尔·哈撒韦（Berkshire Hathaway）

公司1984年年报中所说,"当一家具有突出业务和稳健财务状况的公司发现其股票在市场中以远低于内在价值的价格出售时,没有比回购股票更能使股东获益的方法了"(伯克希尔·哈撒韦公司,"致股东的信1977—1986",85)。

3. Michael C. Jensen, "Corporate Control and the Politics of Finance," *Journal of Applied Corporate Finance* 4, no. 2 (1991): 13-33.

4. 企业和投资者经常错误地把从股票回购中获得的"收益"和会计指标联系起来,像市盈率的倒数。(错误的)推理如下:假设市场预期公司获得每股收益1美元。股价为25美元,则市盈率为25。所以,公司每回购25美元的股票就赢利1美元,即4%(1/25)的"收益率"。这种分析的错误在于投资者不能可靠地把市盈率与权益成本联系在一起,因为市盈率是一个包含多个变量的简单结果,而不是折现率。这些变量包括增长率、经营利润率、投资需求和竞争优势的持续能力。

5. Rappaport, *Creating Shareholder Value*, 1996.

6. 有些再投资机会收益相对较高,有些只是稍稍高于资本成本。管理层自然应当把低回报的再投资机会作为仔细审查的目标。但是,一些低回报的投资(如用于环境控制的投资)是受到控制的,因此投资者不能避开它们。还有一些投资,其对其他产品或服务所带来的好处是无法在计算投资收益率的过程中得到充分体现的。

7. 1987年10月股市崩盘之前一个月,Louis Harris及其合作者对1 000名CEO作了调查。调查人问:"你们公司股票的当前价格是其真实价值的准确反映吗?"其中58%的被调查者回答"不是"。事实上,所有人都认为市场低估了他们的股票。

8. Clifford Stephens and Michael Weisbach, "Actual Share Reacquisition in Open-market Repurchase Programs," *Journal of Finance* 53, no. 1 (1998): 313-333.

9. William McNally, "Who Wins in Large Stock Buybacks-Those Who Sell or Those Who Hold?" *Journal of Applied Corpo-

rate Finance 11，no. 1（Spring 1998）：78-88．McNally 证明，那些通过财富转移向投标股东支付溢价的未投标股东，获得了来自市场对管理层发出的正面信号作出积极反应的回报。

10．Ranja D'Emello and Pervin K. Shroff，"Equity Undervaluation and Decisions Related to Repurchase Tender Offers：An Empirical Investigation," *Journal of Finance* 55（October 2000）：2299-2324．

11．Theo Vermaelen，"Common Stock Repurchases and Market Signaling," *Journal of Finance* 9（1981）：139-183．

12．一篇微软新闻稿提出这样的观点："2001 财年期间股票回购的数量建立在以下几个因素的基础上，主要是员工股票期权行权水平。"（"微软宣布股票回购计划，"新闻稿，2000 年 8 月 7 日）。http://www. microsoft. com/presspass/2000/Aug00/BuybackinitiationPR. asp.

13．Robert O'Brien，"Deals and Deal Makers：Stock Buybacks Gain Popularity，but Price Pops Aren't Guaranteed," *Wall Street Journal*，6 March 2000．

14．如果我们假设公司用借贷为股票回购计划提供资金，其结果也是一样的。

15．Eugene F. Fama and Kenneth R. French，"Disappearing Dividend：Changing Firm Characteristics or Lower Propensity to Pay?" working paper 509，Center for Research in Security Prices，June 2000．

16．我们的叙述只适于美国，其他国家有不同的税率和政策。

17．登记日在册的所有股东都有资格获得股息。除息日是指有资格获得最近一次宣布的股息支付的股票出售者（而不是买入者）能够交易股票的第一天。这一天通常是在登记日后的两个营业日。除息后的股票通常以扣除股息的价格交易。所以，当一个价格为 100 美元的股票派发完 1 美元的股息后，其交易价格下降至 99 美元。

18．欲了解一个更成熟的方法，参见 John R. Graham，"How Big

Are the Tax Benefits of Debt," *Journal of Finance* 55 (October 2000): 1901-1941。

第十二章

1. 本章内容选自于 Rappaport，"Executive Pay"，91-101。

2. 传统股票期权的行权价格是指期权被赠与那一天的价格。这一价格在整个期权存续期间保持固定不变，通常是 10 年。如果股票价格超过行权价格，则期权持有者可以利用这一差价获利。

3. Hall，"What You Need to Know," 121-129.

4. 例如，价格为 100 美元、上涨 20％的股票要比价格低于 100 美元、同样上涨 20％的股票更有价值。

5. 有关指数期权所产生的激励效应的详细阐述，参见 Shane A. Johnson and Yisong S. Tian，"Indexed Executive Stock Option," *Journal of Financial Economics* 57，no. 1 (2000): 35-64。

6. 光纤电话网络运营商 Level 3 Communications 公司是一个经常被引用的例外。

7. 对于股东价值增加与剩余收入之间有何区别的详细解释，参见 Rappaport，*Creating Shareholder Value*，119-128。

8. 有关如何估计超常股东附加值的详细解释，参见 Rappaport，"Executive Pay," 97-99。

作 者 介 绍

艾尔弗雷德·拉帕波特（Alfred Rappaport）是西北大学（Northwestern University）凯洛格（J. L. Kellogg）管理学院的教授，他曾在该校执教达 28 年之久。他的研究兴趣集中在将股东价值应用于公司计划、业绩评价和兼并与收购方面。他还是 L. E. K. 咨询公司的股东价值顾问。他的开创性著作《创造股东价值：企业业绩的新标准》（*Creating Shareholder Value：The New Standard for Business Performance*）出版于 1986 年，受到了广泛好评。其修订版《创造股东价值：管理者和投资者指导》（*Creating Shareholder Value：A Guide for Managers and Investors*）出版于 1998 年。拉帕波特曾经是《华尔街日报》、《纽约时报》和《商业周刊》的客座专栏作家，并且在一流的商业和学术刊物上发表了七十多篇文章。他发起设立了"《华尔街日报》股东计分卡"（一种美国 1 000 家最有价值公司的股东总收益排名），该数据自 1996 年以来每年都会发布。他居住在加利福尼亚州拉荷亚镇（La Jolla）。

迈克尔·J. 莫布森（Michael J. Mauboussin）是设在纽约

作者介绍

市的瑞士信贷第一波士顿（Credit Suisse First Boston，CSFB）的常务董事和首席美国投资策略师。他被公认为是一位将股东价值方法应用于证券分析的领导者。他也是哥伦比亚大学商学院的一名兼职财务学教授，是纽约消费者分析师组织的前任主席，曾经多次入选《机构投资者》（Institutional Investor's）的全美研究团队和《华尔街日报》的食品行业类全明星调查队。他还是圣达菲（Santa Fe）研究所理事会成员，这是一所从事复杂系统理论中多科性研究的一流研究中心。他居住在康涅狄格州达里恩（Darien）市。

译 后 记

　　非常幸运有机会承担了商务印书馆交托的翻译任务。《预期投资》是一本学术性与实践性紧密结合的前沿性专著，它是作者集二十多年的理论研究和投资实践的大成之作。

　　作者提出的预期投资方法具有与众不同的三个突出特点：第一，与传统的估值方法不同，预期投资方法以长期现金流为价值基础进行估价。预期投资方法认为，股票的市场价格反映的是市场对公司生成长期现金流的预期，因此基于长期现金流对股票进行估价，能够避免诸如短期收益被人为操纵和市盈率被任意给定等内在缺陷。第二，与标准的贴现现金流模型不同，预期投资方法从当前的市场价格入手，不需要预测公司的长期现金流，就能利用贴现现金流模型的估值优势。预期投资方法关注的是股票价格中隐含的市场预期，使用贴现现金流模型是为了正确解读这些预期。第三，与一般的投资分析方法不同，预期投资方法根据预期基础结构、采用竞争策略分析框架来判断市场进行预期修正的可能和方向，进而制定投资决策。利用预期基础结构和竞争策略分析框架可以快速找到决定股东价值的超强触发器及其影响因素,用以识别潜在的市场预期修正机会。

众所周知,中国股票市场目前仍然是一个处于快速发展阶段的欠成熟市场,市场中有相当多的机构投资者缺乏正确的投资理念,没有规范的操作程序。特别是在股票价值判断方面,基本上不具备完善的估值方法,因而常常造成市场中估值混乱。考虑到股权分置改革完成之后,所有股票均可流通,大股东在公司价值判断和相关信息掌握方面具有绝对优势,因此依据一种合理而完善的估值方法进行理性投资,对于机构投资者的未来生存与发展极为重要。作为一位有着十多年的投资实践和相关理论研究与教学经验的专业人士,我认为预期投资方法应该是理性投资者的正确选择,《预期投资》是价值投资者的一本必读之作。

我的部分研究生参与了本书初稿的翻译工作,具体分工:张明(第一章)、郝静轩(第二章)、高超(第三章)、关亚卓(第四章和第五章)、徐浩(第六章和第七章)、花文礼(第八章)、王月盈(第九章和第十二章)、张增文(第十章)、李志超(第十一章)。对他们的辛苦付出,我在此表示衷心的感谢。当然,对初稿全面、细致的校译以及统稿和校对均由我负责。但是,限于译者的专业学识、英语水平和时间约束,中文译本中难免存在诸多不足之处,恳请专家学者和广大读者批评指正。

另外,本书翻译工作的顺利进行有赖于东北财经大学金融学院教师刘璐博士的大力引荐和无私帮助。没有她的努力,我们与《预期投资》不会有缘相会。

我要特别感谢商务印书馆的李彬先生，不仅因为这本书中包含有他付出的辛勤劳动，而且还因为他对人的热情、诚恳和耐心。

　　最后，还要感谢我的太太赵海田女士，她的忍耐和包容让我有更多的时间和精力用于本书的翻译。

王 志 强

2007 年 3 月 2 日于东北财经大学